Duden

150 Grammatikübungen

5. bis 10. Klasse

Regeln und Formen zum Üben

3., aktualisierte Auflage

Mit Illustrationen
von Steffen Butz

Dudenverlag
Berlin

Die Rechtschreibung in diesem Buch folgt im Falle von Schreibvarianten den Empfehlungen von Duden – Die deutsche Rechtschreibung.

Die Duden-Sprachberatung beantwortet Fragen zu Rechtschreibung, Grammatik, Zeichensetzung u. Ä.
montags bis freitags zwischen 09:00 und 17:00 Uhr.
Aus Deutschland: **09001 870098** (1,99 € pro Minute aus dem Festnetz)
Aus Österreich: **0900 844144** (1,80 € pro Minute aus dem Festnetz)
Aus der Schweiz: **0900 383360** (3,13 CHF pro Minute aus dem Festnetz)
Die Tarife für Anrufe aus den Mobilfunknetzen können davon abweichen.

Bibliografische Informationen der Deutschen Nationalbibliothek
Die Deutsche Nationalbibliothek verzeichnet diese Publikation in der Deutschen Nationalbibliografie; detaillierte bibliografische Daten sind im Internet über http://dnb.d-nb.de abrufbar.

Bibliographisches Institut GmbH, Mecklenburgische Straße 53, 14197 Berlin

Redaktionelle Leitung Constanze Schöder
Redaktion Dr. Daniela Rauthe, Dr. Anja Steinhauer

Herstellung Maike Häßler
Layout Horst Bachmann
Illustration Steffen Butz
Umschlaggestaltung Designbüro Acker, Brühl
Umschlagillustration Steffen Butz

Satz Elstersatz, Stefan Hergenröder, Wildflecken
Druck und Bindung Heenemann GmbH & Co. KG
Bessemerstraße 83–91, 12103 Berlin
Printed in Germany

ISBN 978-3-411-74472-5
Auch als E-Book erhältlich unter: ISBN 978-3-411-90938-4
www.duden.de

Liebe Schülerin, lieber Schüler!

Grammatik und die zugehörigen Regeln und Begriffe bereiten dir Schwierigkeiten? Mach dir nichts daraus, denn Grammatik kann man üben. Mit diesem Buch bist du auf dem richtigen Weg.
Der Schwerpunkt dieses Bandes ist das Üben – mehr als 150 abwechslungsreiche Aufgaben ermöglichen dir, dich auf die Klassenarbeit vorzubereiten und die Grammatik zu trainieren. Die Kapitel greifen alle Gebiete der Grammatik auf, die du von der 5. bis zur 10. Klasse beherrschen musst.

Infokästen

In den Kästen, die den einzelnen Kapiteln und Unterkapiteln vorangestellt sind, findest du zusätzlich kurze Regeln und Merksätze. Sie liefern den Stoff, den du aus der Schule kennst, in kleinen Portionen zum Auffrischen und Wiederholen. Oft gibt es hier auch wertvolle Tipps und natürlich Beispiele. Anschließend kannst du das Wissen aus den Infokästen anhand der nachfolgenden Aufgaben üben.
Merke dir: Es ist nicht wichtig, dass du die Regeln auswendig lernst, sondern dass du sie anwendest und durch **Übung** zum Meister wirst!

Es gibt ganz unterschiedliche Arten von Übungen. Manche trainieren dein Grammatikverständnis, andere helfen dir, deinen grammatischen Stil zu verbessern. Einige Aufgaben löst du direkt im Buch, andere in einem Übungsheft. Damit du dich bei den Übungen leichter zurechtfindest, steht in der Randspalte die **Klassenstufe,** für die die Aufgaben geeignet sind. Dies ist aber nur eine grobe Einordnung zur Orientierung, schließlich unterrichtet nicht jeder Lehrer gleich und oft werden in späteren Jahrgängen Themen noch einmal wiederholt. Wenn du vor dem Üben noch einmal Grundsätzliches zum Thema Grammatik nachlesen möchtest, schau dir das Kapitel „Die Bausteine unserer Sprache" (↑ S. 145) an. Antworten auf häufige grammatische Fragen werden dir ab S. 152 gegeben.
Die ausführlichen **Lösungen** zu den Übungen findest du nach dem 5. Kapitel am Ende des Buches. Auf der letzten Seite kannst du mithilfe des **Registers** auch nach einzelnen Stichwörtern suchen.

Inhalt

Empfohlen für: 5 = 5. Klasse 6 = 6. Klasse 7 = 7. Klasse 8–10 = 8.–10. Klasse

Empfohlen für: 5 = 5. Klasse 6 = 6. Klasse 7 = 7. Klasse 8–10 = 8.–10. Klasse

Die Bausteine unserer Sprache

Häufige Fragen im Überblick („FAQs")

Lösungen

1 Wortarten

1.1 Grundsätzliches

Flektierbare und unflektierbare Wortarten

Wörter werden nach bestimmten Merkmalen in verschiedene Klassen eingeteilt, die man Wortarten nennt. Die Wortarten wiederum werden in **veränderbare (flektierbare) Formen** und in **unveränderbare (unflektierbare) Formen** unterteilt.

Flektierbare Wortarten:

- Verben bezeichnen Handlungen, Vorgänge oder Zustände.
- Substantive bezeichnen Lebewesen, Dinge, Gefühle und Begriffe.
- Adjektive beschreiben Eigenschaften oder Merkmale. Sie können gesteigert werden.
- Artikel stehen als Begleiter vor einem Substantiv. Man unterscheidet zwischen dem bestimmten und dem unbestimmten Artikel.
- Pronomen stehen stellvertretend für ein Substantiv.

Unflektierbare Wortarten:

- Adverbien (Umstandswörter) liefern Informationen über die genaueren Umstände.
- Präpositionen kennzeichnen Beziehungen oder Verhältnisse.
- Konjunktionen verbinden Wörter, Wortgruppen oder Sätze miteinander.
- Interjektionen sind Ausrufe, die im Satz isoliert stehen und deshalb oft mit einem Komma oder Ausrufezeichen abgetrennt werden.

1 **Kreise im folgenden Text alle unflektierbaren Wörter ein.**

Es waren einmal ein armer Mann und eine arme Frau, die hatten nichts als eine kleine Holzhütte. Sie nährten sich vom Fischfang und es ging bei ihnen von der Hand in den Mund. Es geschah aber, als der Mann eines Tages beim Wasser saß und sein Netz hinaus ins Wasser warf, dass er einen großen Fisch aus dem Meer herauszog, der ganz golden war. Und als er den Fisch voll Verwunderung betrachtete, sagte dieser: „Höre, Fischer, wenn du mich zurück ins Wasser wirfst, dann mache ich deine Hütte zu einem prächtigen Schloss." ...

2 **Erstelle dir eine Übersicht über die flektierbaren und unflektierbaren Formen, indem du die auf S. 7 genannten Wortarten in der folgenden Skizze einträgst. Informationen zu den Begriffen Konjugation und Deklination findest du auf der nächsten Seite.**

Wortarten

flektierbar

unflektierbar

Konjugation

Deklination/
Komparation

Konjugation und Deklination

Die Formveränderung des Verbs heißt **Konjugation.** Man spricht auch von Beugung des Verbs.
Unterschieden wird nach

- **Numerus:** Singular (Einzahl) und Plural (Mehrzahl),
- **Tempus:** Präsens, Perfekt, Präteritum, Plusquamperfekt, Futur I und II,
- **Genus Verbi:** Aktiv oder Passiv,
- **Modus:** Indikativ, Konjunktiv und Imperativ.

Die Formveränderung des Substantivs, Adjektivs, Artikels und Pronomens heißt **Deklination.**
Es handelt sich dabei um die Anpassung der Form in Genus, Numerus und Kasus:

- **Genus:** Maskulinum, Femininum, Neutrum,
- **Numerus:** Singular und Plural,
- **Kasus:** Nominativ, Genitiv, Dativ und Akkusativ.

3 **Welche Wörter kann man konjugieren, welche deklinieren?**

	konjugierbar	deklinierbar
a) Possessivpronomen	☐	☐
b) Verben	☐	☐
c) Demonstrativpronomen	☐	☐
d) unbestimmter Artikel	☐	☐
e) Substantive	☐	☐
f) Adjektive	☐	☐
g) Personalpronomen	☐	☐
h) bestimmter Artikel	☐	☐
i) Reflexivpronomen	☐	☐
j) Indefinitpronomen	☐	☐

1.2 Substantive

Substantive

Substantive (Hauptwörter, Nomen) bezeichnen
- Lebewesen,
- Dinge,
- Gefühle,
- Begriffe.

Substantive werden immer großgeschrieben.

4 **Unterstreiche die im Text verwendeten Substantive.**

Elias, Daniel und Eva besuchten gestern ihre Großmutter. Als die Klingel am Nachmittag schellte, hatte das lange Warten der Oma endlich ein Ende. Sie hatte mit viel Liebe für die Kinder einen Kuchen gebacken, ihr Haus geputzt und ihr bestes Kleid angezogen. Nun standen die drei Enkel strahlend mit ihren Geschenken vor der Tür.

5 **Ordne nun die Substantive in die Tabelle ein.**

Lebewesen	Dinge	Gefühle	Begriffe

5. KLASSE

Genus und Numerus

Der begleitende Artikel zeigt das **Genus** (Geschlecht) eines Substantivs an. Man unterscheidet männlich (Maskulinum), weiblich (Femininum) und sächlich (Neutrum). Die Endung des Substantivs und der begleitende Artikel zeigen den **Numerus** (Zahl) des Substantivs an. Man unterscheidet **Singular** (Einzahl) und **Plural** (Mehrzahl).

Substantive haben **unterschiedliche Pluralendungen** *(der Tisch – die Tisch**e**, das Auto – die Auto**s**, die Tasse – die Tasse**n**).*
Bei manchen Substantiven ändert sich im Plural nicht nur die Endung, sondern aus einem Vokal wird ein Umlaut *(die Wand – die W**ä**nde, der Ton – die T**ö**ne, der Fuß – die F**ü**ße).*
Es gibt auch **Ausnahmen.** Manche Substantive haben

- nur den Singular *(der Hass, der Ärger, die Wut),*
- nur den Plural *(die Ferien),*
- unregelmäßige Pluralendungen *(die Rhythmen),*
- mehrere Pluralendungen *(der Globus – die Globen/die Globusse).*

6 **Finde Beispiele für die jeweiligen Formen der Pluralbildung.**

auf -*e* ______________________

auf -*(e)n* ______________________

auf -*er* ______________________

auf -*s* ______________________

Singular = Plural ______________________

7 **Bilde zu den Singularformen die passenden Pluralformen.**

die Pizza	____________	das Album	____________
die Figur	____________	das Baby	____________
die Firma	____________	die Drossel	____________
das Hotel	____________	der Lehrer	____________

Kasus

Substantive verändern ihre Endungen je nachdem, welche Rolle sie im Satz einnehmen. Diese Veränderung nennt man Deklination (Beugung). Wird ein Substantiv dekliniert, steht es in einem bestimmten **Kasus** (Fall).
Man unterscheidet vier Fälle:

- **Nominativ (1. Fall):** Wer oder was? → *das Kind*
- **Genitiv (2. Fall):** Wessen? → *des Kindes*
- **Dativ (3. Fall):** Wem? → *dem Kind*
- **Akkusativ (4. Fall):** Wen oder was? → *das Kind*

8 **Suche aus den Sätzen alle Substantive heraus und fülle die Tabelle aus.**

a) Alle warteten gespannt auf den Nikolaus.
b) Die Kinder hörten dem Nikolaus aufmerksam zu.
c) Der Nikolaus machte meiner Freundin das schönste Geschenk.
d) Meinem Bruder brachte er allerdings nur eine Rute.
e) Der Junge versprach, sich im neuen Jahr zu bessern.

Substantiv	Genus	Numerus	Kasus
den Nikolaus	Maskulinum		

1.3 Artikel

Bestimmte und unbestimmte Artikel

Der begleitende Artikel kann ein bestimmter oder unbestimmter Artikel sein:

- **bestimmter Artikel** *(**der** Mann, **die** Schule, **das** Haus),*
- **unbestimmter Artikel** *(**ein** Mann, **eine** Schule, **ein** Haus).*

9 **Setze den bestimmten bzw. unbestimmten Artikel ein.**

a) Rebecca hat ________ neuen Computer bekommen. ________ Computer hat ________ besonders guten Bildschirm. ________ Bildschirm ist ganz flach und hat ________ gute Auflösung.

b) Eva hat bei einem Preisausschreiben ________________ MP3-Player gewonnen. ______ MP3-Player ist toll, weil er mit ________ Sonnenkollektor arbeitet. Bei Sonnenschein liefert ______ Sonnenkollektor Strom für ________ Betrieb des MP3-Players.

c) Luisa wünscht sich zum Geburtstag ________ neues Fahrrad. Mit ________ Fahrrad möchte sie im nächsten Urlaub gerne ________ Radtour machen. Für ________ Radtour hätte sie dann gerne auch noch ________ große Satteltasche.

10 **Schreibe aus dem Bandwurmwort alle Nomen mit dem passenden bestimmten Artikel heraus. Benutze dein Übungsheft.**

buchschmerznaseblumefreundinpausebaumzahnduftbrillemusikrasen-kopfzimmergesanggaragegrasduscheohrtanz

1.4 Verben

Verben

Verben (Tätigkeitswörter) bezeichnen
- eine **Handlung** *(schreiben, laufen, fahren),*
- einen **Vorgang** *(verlieren, vergessen, erinnern)* oder
- einen **Zustand** *(sein, ruhen, stehen).*

11 **Unterscheide, ob die folgenden Verben eine Handlung, einen Vorgang oder einen Zustand bezeichnen, und schreibe sie danach sortiert in dein Heft.**

arbeiten – bauen – bleiben – fallen – liegen – sein – singen – sinken – spielen – regnen – wachsen – wohnen

12 **Denke dir eigene Verben aus und ergänze sie in deinem Übungsheft.**

13 **Setze die Verben aus dem Wortspeicher in den Text ein.**

liegen – schmecken – regnet – habe – treffe – rutsche – finde – rufe ... an – gehen

Weil es mal wieder ____________, ________ ich gleich meine Freundin Samira _____. Ich möchte gerne in das neue Aquadrom ____________. Natürlich ____________ ich es schöner, im Sommer im Freibad in der Sonne zu ____________. Aber leider ____________ ich da diese Woche kein Glück. Außerdem ____________ ich gerne auf der tollen Rutsche im Aquadrom und die Pommes frites dort ____________ auch sehr gut und bei diesem Wetter ____________ ich dort bestimmt auch viele aus meiner Klasse.

5. KLASSE

Konjugation

Die Grundform des Verbs bezeichnet man als **Infinitiv.** Die meisten Verben enden im Infinitiv auf *-en*, wenige auf *-rn* oder *-ln (rufen, klettern, sammeln).* Wenn du die Endung *-en* bzw. *-n* vom Infinitiv streichst, erhältst du den **Wortstamm** *(ruf-en, kletter-n, sammel-n).*

Verben kommen nicht nur im Infinitiv vor, sondern auch als **Personalform** (auch: **finite Form** – d.h. veränderliche Form). Du bildest sie, indem du an den Stamm die Personalendung hängst. Setzt du Verben in die Personalformen, nennt man dies **konjugieren** (beugen).
Die Personalform ist bestimmt nach der **Person** (1./2./3. Person) und dem **Numerus** (Singular/Plural):

- **Singular** (Einzahl): *ich schreib-e, du schreib-st, er/sie/es schreib-t,*
- **Plural** (Mehrzahl): *wir schreib-en, ihr schreib-t, sie schreib-en.*

14 **Markiere alle konjugierten Verben und gib jeweils den Infinitiv an.**

Daidalos und Perdix
Daidalos war ein großer Baumeister und Bildhauer in Athen. Er duldete aber keinen anderen Meister neben sich. Auch seinen Neffen Perdix, den er selbst unterrichtet hatte, sah er als Gegner an. Als dieser sich anschickte, ebenfalls ein großer Baumeister zu werden, brachte Daidalos seinen Neffen um. Nur durch seine Flucht nach Kreta, wo der König Minos regierte, konnte er seiner Hinrichtung in Athen entgehen. Für Minotaurus, das furchtbare Ungeheuer in der Gestalt eines Menschen und mit dem Kopf eines Stiers, baute er das sagenumwobene Labyrinth. In verschlungenen Gängen und zahlreichen Höfen lebte von da an das Ungetüm, das alle neun Jahre sieben Jünglinge und sieben Jungfrauen verschlang.

____

____

15 **Bestimme Person und Numerus der folgenden Personalformen.**

a) du weinst ____________ **b)** ihr kreischt ____________

c) ich schreie ____________ **d)** sie heulen ____________

16 **Bilde von den angegebenen Infinitiven die jeweiligen Personalformen.**

schreiben (3. Person Plural) ____________

singen (2. Person Plural) ____________

hören (1. Person Singular) ____________

schlafen (3. Person Singular) ____________

gähnen (1. Person Plural) ____________

spielen (2. Person Singular) ____________

17 **Setze in den folgenden Text die richtigen Verbformen ein.**

besuchen: Alexander ____________ in den Ferien einen Kochkurs für Jugendliche.

lernen, zubereiten: Man kann dort ____________, wie man einfache Gerichte ____________.

treffen: Außerdem ____________ man dort auch nette Leute.

machen: Viele ____________ den Kurs schon zum zweiten Mal.

erfahren: In diesem Jahr ____________ die Teilnehmerinnen und Teilnehmer auch noch etwas über die Zutaten.

erklären, verwenden, ernten: Die Leiterin des Kochkurses ____________, dass man im Sommer gut Zucchini ____________ kann, weil man sie im eigenen Garten ____________ kann.

verabreden: Nach dem Kurs ____________ sich Alexander mit einer anderen Teilnehmerin, gemeinsam ins Kino zu gehen.

5. KLASSE

Finite und infinite Form

Neben den Personalformen des Verbs, den sogenannten **finiten Formen,** gibt es auch **infinite Formen,** das sind Verbformen, die unabhängig von der handelnden Person immer gleich bleiben.

Zu den **infiniten Verbformen** gehören

- der Infinitiv (Stamm + *(e)n: lauf-en, kletter-n, rodel-n*),
- der Imperativ (Singular: Stamm + *(e): lauf(e);* Plural: Stamm + *t: lauf-t*),
- das Partizip I (Stamm + *(e)nd: lauf-end, kletter-nd, rodel-nd*) und
- das Partizip II (Vorsilbe ge- + Stamm + *-t/-en: ge-lauf-en, ge-kletter-t, ge-rodel-t*). (Zum Partizip II ↑ S. 22.)

Der **Imperativ** (Befehlsform) kann eine freundliche Bitte, eine Aufforderung oder einen energischen Befehl ausdrücken und sich dabei an eine oder mehrere Personen richten.

Das **Partizip I** beschreibt ein momentanes, also andauerndes Geschehen oder einen Zustand.
Das **Partizip II** bezeichnet ein Geschehen, das bereits beendet ist.

18 **Bilde zu folgenden Infinitiven das Partizip I und das Partizip II.**

finden ____________ ____________

schlafen ____________ ____________

lesen ____________ ____________

verkaufen ____________ ____________

19 **Ergänze in der folgenden Tabelle die fehlenden Tempusformen.**

Imperativ Sg.	Imperativ Pl.	Partizip I	Partizip II
lache			
			getanzt
		beißend	

Präsens

Das **Tempus** (Zeit) des Verbs zeigt an, wann etwas passiert. Den Zeitstufen sind unterschiedliche Tempora (Zeiten) zugeordnet.

- Gegenwart: Präsens
- Vergangenheit: Präteritum, Perfekt, Plusquamperfekt
- Zukunft: Futur I, Futur II.

Das **Präsens** bezeichnet

- ein Geschehen, das sich gerade ereignet,
- allgemeingültige Aussagen,
- etwas Zukünftiges, wenn dies aus dem Zusammenhang klar wird.

Es wird gebildet mit dem Wortstamm und den Personalendungen: *ich geh-e, du geh-st, er/sie/es geh-t, wir geh-en, ihr geh-t, sie geh-en.*

20 **Bilde die angegebenen Personalformen im Präsens.**

lieben (1. Person Singular) → ______________________

fragen (2. Person Singular) → ______________________

schreiben (3. Person Plural) → ______________________

21 **Setze die richtigen Verbformen im Präsens ein.**

Herr Müller ______________ (gehen) mit seinem riesigen Hund zum Tierarzt und ______________ (flehen): „Bitte ______________ (helfen) Sie mir! Mein Hund ______________ (jagen) Autos!“ Der Tierarzt ______________ (antworten): „Das ______________ (kommen) nicht von ungefähr. Gewöhnlich ________ (tun) dies alle Hunde.“ Da ______________ (toben) Herr Müller: „Vielleicht! Aber meiner ______________ (fangen) sie stets und ______________ (vergraben) sie dann im Garten!“

Präteritum

Das **Präteritum** bezeichnet ein abgeschlossenes vergangenes Geschehen. Es wird häufig beim Erzählen verwendet, daher wird es auch als Erzähltempus bezeichnet. Es gibt eine **schwache,** eine **starke** und eine **unregelmäßige Konjugation.**

Das Präteritum bildest du wie folgt:

- schwache Verben: Anfügen der Endung *-te* an den Wortstamm *(tanzen: tanz- ⟶ ich tanzte),*
- starke Verben: Veränderung des Stammvokals *(rufen: ruf- ⟶ er rief),*
- unregelmäßige Verben: Veränderung des Stammvokals und Anfügen der Endung *-te* an den veränderten Stamm *(kennen: kenn- ⟶ ich kannte).*

22 Führe die Geschichte weiter, indem du die passenden Verben aus dem Wortspeicher einsetzt.

ist – geht – stimmt – kennen – schrieb – erreichte – heißt – wähnte sich – drückt ... aus – nannte – beruht

Die Namensgebung Indianer für die Ureinwohner ____________ auf einer Anekdote, die wir auch heute noch aus der Schule ____________. Danach ____________ Kolumbus 1492 die Insel und ____________ in Indien. Infolgedessen ____________ er die nackten Menschen Indianer. Ob diese Geschichte wirklich ____________, ________ fraglich. Kolumbus ____________ in sein Logbuch: „Un genus in Dios – Ein Volk in Gott“. Somit ____________ die Bezeichnung Indios gar nicht auf einen Irrtum zurück, sondern ____________ einen tiefen Respekt vor den Ureinwohnern ____________. Die Insel Guanahani ____________ heute San Salvador.

23 **Setze die Personalformen im Präteritum in das Kreuzworträtsel ein. Die grau hinterlegten Kästchen ergeben das Lösungswort.**

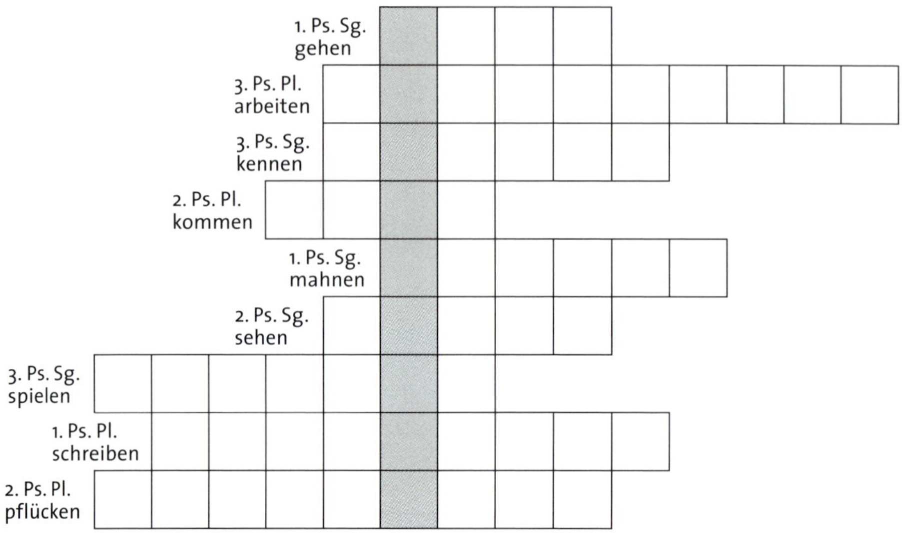

Lösungswort: ______________________________

24 **Welche der im Rätsel aus Aufgabe 23 vorkommenden Verben gehören zur schwachen, welche zur starken und welche zur unregelmäßigen Konjugation?**

schwach: ______________________________

____

stark: ______________________________

____

unregelmäßig: ______________________________

25 **Setze die Verben richtig konjugiert ein. Achtung: Die Erzählzeit ist das Präteritum.**

Die Entdeckung des Kolumbus

Am Morgen des 12. Oktobers 1492 <u>tauchte</u> (auftauchen) vor den Augen der Besatzung nach langer Fahrt endlich Land <u>auf</u>. Sie ______________ (lassen) sich eine Zeit lang vor der Insel, die die Ureinwohner Guanahani ______________ (nennen), treiben. Als sie nackte Menschen am Strand ______________ (sehen), ______________ (lassen) der Admiral Christoph Kolumbus ein mit Waffen beladenes Boot zu Wasser. Nur zwei weitere Kapitäne ______________ (begleiten) ihn, als er das fremde Land zum ersten Mal ______________ (betreten). Sofort ______________ (entfalten) Kolumbus das königliche Banner und ______________ (nehmen) so die Insel in Besitz für das spanische Königspaar Isabella und Ferdinand. Die Eingeborenen ______________ (wissen) damals noch nicht, was diese unrechtmäßige Landnahme für sie ______________ (bedeuten). Schließlich ______________ (haben) sie noch keine Vorstellung von Eigentum und Diebstahl.

Perfekt

Das **Perfekt** (vollendete Gegenwartsform) bezeichnet ein Geschehen, das zwar in der Vergangenheit abgeschlossen ist, dessen Folgen aber bis in die Gegenwart hinein Bedeutung haben.
Das Perfekt bildest du mit einer konjugierten Form der Hilfsverben *haben* oder *sein* und dem **Partizip II** (Partizip Perfekt) des Verbs.

Das Partizip II bildest du
- bei schwachen Verben: *ge* + Stamm + *(e)t (schenk-en → ge-schenk-t)*,
- bei starken bzw. unregelmäßigen Verben: *ge* + (veränderter) Stamm + *en (reit-en → ge-ritt-en; werf-en → ge-worf-en)*.

Ausnahme: Nur sehr wenige Verben bilden das **Partizip II** ohne die Vorsilbe *ge-: überrasch-en → überrasch-t, zerreiß-en → zerriss-en.*

26 **Überlege, ob bei den folgenden Infinitiven das Perfekt mit *sein* oder *haben* gebildet werden muss. Bilde dann die 1. Ps. Sg. und trage die Form entsprechend in die Tabelle ein.**

gehen – hören – fliegen – kommen – schwimmen – essen – denken – stehen – laufen – wandern – sprechen – lesen – klopfen – rudern

Perfekt mit *sein* (1. Ps. Sg.)	Perfekt mit *haben* (1. Ps. Sg.)

Plusquamperfekt

Das **Plusquamperfekt** wird fast nur in Verbindung mit dem Präteritum gebraucht. Es bezeichnet ein abgeschlossenes Geschehen, das noch vor den in der Vergangenheit erzählten Ereignissen liegt. Man sagt auch, dass das Plusquamperfekt die Vorzeitigkeit (auch „Vorvergangenheit") bezeichnet.
Das Plusquamperfekt wird gebildet aus dem Präteritum des Hilfsverbs *haben* oder des Hilfsverbs *sein* und dem Partizip II. Die Formen des Plusquamperfekts sind daher **zusammengesetzte Formen.**

27 **Vervollständige die Konjugationen im Plusquamperfekt.**

ich hatte gegessen	ich war gelaufen
du ______	du ______
er/sie/es ______	er/sie/es ______
wir ______	wir ______
ihr ______	ihr ______
sie ______	sie ______

28 **Bilde sinnvolle Sätze und schreibe sie in dein Übungsheft.**

Nachdem Carla das Kleid anprobiert hatte, – nachdem er die Schatzkarte gefunden hatte. – rief sie die Kinder zum Essen. – Die Kinder trafen sich zum Spielen, – Nachdem Luka den Drachen gekauft hatte, – Tom machte sich sofort auf die Suche, – Nachdem die Mutter den Salat angerichtet hatte, – ließ er ihn sofort steigen. – kaufte sie es sofort. – nachdem sie ihre Hausaufgaben erledigt hatten.

29 **Unterstreiche in den Sätzen aus Aufgabe 28 die Tempusformen. Welche beiden Tempora werden in jedem Satz verwendet?**

______ und ______

30 **Setze am Rande des Dorfes die richtigen Tempusformen im Plusquamperfekt und Präteritum ein.**

Das Schlossgespenst

Nachdem Sarahs Eltern das alte Schloss am Rande des Dorfes _______________ (kaufen), _______________ (hören) sie von den Dorfbewohnern zum ersten Mal von dem Gespenst. Sie _______________ (machen) sich jedoch keine Sorgen, weil sie nicht an Gespenster _______________ (glauben). Nachdem sie _______________ (einziehen), _______________ (geben) es jede Nacht merkwürdige Geräusche, die vom Dachboden _______________ (kommen). Am Tag _______________ (durchsuchen) der Vater den Dachboden, _______________ (finden) aber nichts. Nachdem die erste Woche _______________ (vergehen), _______________ (beschließen) Sarah, dem Ganzen ein Ende zu machen. Sie _______________ (legen) sich nachts auf die Lauer, um das Gespenst zu jagen. Nachdem sie mehrere Stunden _______________ (warten), _______________ (gehen) es auf Mitternacht zu. Da, plötzlich ein Schatten! Sarah _______________ (zucken) vor Schreck zusammen und _______________ (beginnen) zu zittern. Nachdem einige Minuten _______________ (vergehen), _______________ (sehen) sie auf einmal das Gespenst und _______________ (müssen) lachen. Es _______________ (sein) nämlich nur eine große alte Eule, die auf dem Dachboden ihr Zuhause _______________ (finden).

Futur I

Das **Futur I** bezeichnet ein Geschehen, das in der Zukunft liegt.
Es wird gebildet mit einer Form des Hilfsverbs *werden* und dem Infinitiv des Vollverbs: *ich werde feiern, du wirst feiern, er/sie/es wird feiern, wir werden feiern, ihr werdet feiern, sie werden feiern.*

31 **Bilde aus den vorgegebenen Infinitiven die Futurformen und setze sie ein.**

wandern – erzählen – verlassen – genießen –
bestehen – zurückkehren – packen

„So kann es klappen", dachte Alice bei sich. „Ich ____________ der Köchin, dem größten Klatschweib im Dorf, einfach ____________, ich ginge fort, um zu heiraten. In Wirklichkeit jedoch ____________ ich meine Siebensachen ____________ und ____________ still und leise das Dorf ____________. Ich ____________ über die Landstraßen ____________, ____________ die Schönheit der Welt ____________ und ____________ viele interessante Abenteuer ____________.
Schließlich ____________ ich viele Jahre später glücklich in mein Dorf ____________, um zu sehen, was aus der Köchin und ihren Klatschgeschichten geworden ist."

Futur II

Das **Futur II** bezeichnet ein Geschehen, das in der Zukunft als bereits abgeschlossenes Geschehen angesehen wird.
Es wird gebildet mit den Futurformen der Hilfsverben *haben* oder *sein* und dem Partizip II: *ich werde gearbeitet haben, ich werde gegangen sein.*

Im Deutschen wird das Futur II nur selten verwendet und meistens durch das **Ergebnisperfekt** ersetzt:
- Futur II: *Morgen um diese Zeit werde ich die Arbeit bereits geschrieben haben.*
- Ergebnisperfekt: *Morgen um diese Zeit habe ich die Arbeit bereits geschrieben.*

32 **Vergleiche die folgenden Verbformen des Futurs II. Welche Hilfsverben werden zur Bildung verwendet?**

Ich werde geschrieben haben.	Sie werden gelaufen sein.
Er wird gelobt haben.	Wir werden gekommen sein.
Wir werden geantwortet haben.	Wir werden geschwommen sein.

---

33 **Markiere in dem folgenden Text Formen des Futurs II.**

Auf dem Schulhof unterhalten sich die Schüler der Klasse 8a in der Pause darüber, was sie mit ihrem Leben anfangen wollen.

Lea: „Wenn ich Abitur gemacht haben werde, werde ich auf jeden Fall etwas Sinnvolles studieren, vielleicht Sozialpädagogik."

Tom: „Ich habe mir fest vorgenommen, dass ich eine Weltreise gemacht haben werde, bis ich dreißig Jahre alt sein werde."

Lea: „Du denkst ja nur an dein Vergnügen!"

Tom: „Nein, ich werde dann viele Erfahrungen gemacht haben. Wenn ich zurückkomme, werde ich Leute kennengelernt haben und werde viele Sitten und Gebräuche fremder Länder erlebt haben. Auch Reisen bildet!"

Aktiv und Passiv

Das Aktiv und das Passiv ermöglichen unterschiedliche Blickrichtungen auf ein Geschehen.

Man benutzt das **Aktiv,** wenn derjenige, der etwas tut (Handlungsträger), im Mittelpunkt des Interesses steht.

Man benutzt das **Passiv,**
- wenn die Handlung oder der Vorgang selbst im Vordergrund steht,
- wenn es gleichgültig erscheint oder nicht genau zu sagen ist, wer handelt.

Man spricht von einem **täterlosen Passiv,** wenn man in einem Passivsatz auf die Angabe des Handlungsträgers verzichten kann,
- weil man ihn nicht kennt,
- weil man geheim halten will, wer für etwas verantwortlich ist, oder
- weil es unwichtig ist, wer etwas tut (z. B. in Gebrauchsanweisungen).

Soll der Handlungsträger genannt werden, kann er mit den Präpositionen *durch* oder *von* eingefügt werden. Man spricht dann von einem **täterabgewandten Passiv.**

34 **Entscheide, ob die Handlung oder der Handelnde (Handlungsträger) im Vordergrund steht, und kreuze entsprechend Aktiv oder Passiv an.**

	Aktiv	Passiv
a) Die Blume wird gepflückt.	☐	☐
b) Maria pflückt die Blumen.	☐	☐
c) Paul kauft Spaghetti im Bioladen.	☐	☐
d) Spaghetti aus dem Bioladen werden oft gekauft.	☐	☐
e) Langsam werden die Autos an der Unfallstelle vorbeigeleitet.	☐	☐
f) Die Polizei sorgt für eine schnelle Umleitung der Autos.	☐	☐
g) Niclas bringt Geschenke mit.	☐	☐
h) Zum Fest wurden viele Geschenke mitgebracht.	☐	☐

35 **Verwandle die Sätze so, dass die Handlung im Vordergrund steht.**

Die Lehrerin plant pro Halbjahr drei Klassenarbeiten in Klasse 7.

Wenn es sich einrichten lässt, berücksichtigt sie dabei Wünsche und Vorlieben der Schüler.

In manchen Klassen einigen sich die Schüler schnell auf eine gemeinsame Lektüre, z. B. bei einem Jugendbuch.

Meistens lesen die Schüler gern und stellen einzelne Kapitel in Form einer Inhaltsangabe vor.

36 **Entscheide, ob es sich um Aktiv oder Passiv handelt.**

a) Der Zeuge wird seine Aussage widerrufen. → ________________

b) Der Täter wird sein Verbrechen zugeben. → ________________

c) Ihnen wird die Strafe vom Richter erlassen. → ________________

d) Sie werden den Saal froh verlassen. → ________________

e) Es wird ein Fest gefeiert. → ________________

37 **Täterloses oder täterabgewandtes Passiv? Entscheide!**

a) Am Morgen erkennt der Geschäftsmann: Im Laden ist eingebrochen worden. → ________________________________

b) Dann werden die Schrauben an der Seite des Regals festgeschraubt.

→ ______________________________________

c) Die Klasse hat Reißnägel auf dem Stuhl des Lehrers deponiert. Als der Lehrer die Klasse betritt, hat Ida Angst, er könne sich verletzen. Sie meldet sich und sagt: „Da sind Reißnägel auf den Stuhl gelegt worden." → __________________________________

d) Der Staatschef ist am Morgen vom Außenminister am Flughafen empfangen worden. → ______________________________

38 **Welche Gründe gibt es jeweils, weshalb in den Fällen a) bis c) in der letzten Aufgabe das täterlose Passiv verwendet wird?**

Grund für a) ________________________________

Grund für b) ________________________________

Grund für c) ________________________________

Passivformen

Die **Passivformen** werden gebildet aus der konjugierten Form des Hilfsverbs *werden* und dem Partizip II: *ich werde gelobt, du wirst gelobt, er/sie/es wird gelobt, wir werden gelobt, ihr werdet gelobt, sie werden gelobt.*

Passivformen gibt es in allen **Tempusformen:**

- Präsens *(du lobst – du wirst gelobt),*
- Perfekt *(du hast gelobt – du bist gelobt worden),*
- Präteritum *(du lobtest – du wurdest gelobt),*
- Plusquamperfekt *(du hattest gelobt – du warst gelobt worden),*
- Futur I *(du wirst loben – du wirst gelobt werden),*
- Futur II *(du wirst gelobt haben – du wirst gelobt worden sein).*

Achte darauf, dass du die Form des Präsens Passiv nicht mit der Tempusform des Futur I Aktiv verwechselst.
Du kannst das Futur I Aktiv am Infinitiv erkennen:

- Präsens Passiv: *Ich werde geküsst.*
- Futur I Aktiv: *Ich werde küssen.*

Einige Verben können **keine Passivformen** bilden:

- Verben, die mit dem Reflexivpronomen *sich* verbunden werden (reflexive Verben: *sich etwas kaufen*),
- Verben, die ihr Perfekt mit *sein* bilden *(gehen – gegangen sein).*

39 **Setze die angegebenen Verbformen ins Passiv.**

Infinitiv	**Ps. / Num. / Temp.**	**Aktiv**	**Passiv**
öffnen	3. / Pl. / Präteritum	sie öffneten	sie wurden geöffnet
küssen	1. / Pl. / Plusquamperfekt		
legen	3. / Pl. / Futur II		
rufen	1. / Sg. / Perfekt		
untersuchen	2. / Pl. / Präsens		
zählen	3. / Sg. / Futur I		

40 **Schreibe alle Verbformen aus dem Text heraus und setze sie ins Passiv. Benutze dein Heft. Welche Verben kannst du nicht ins Passiv setzen?**

Maike freut sich auf die Ferien. Sie besucht mit ihrer Freundin Eva einen Reiterhof im Sauerland. Die beiden erwarten einen tollen Urlaub in dem ganz idyllisch an einem großen Waldgebiet gelegenen Hof. Die Mädchen lieben es, mit ihren Pferden durch die Landschaft zu reiten. Ein wenig fürchtet sich Maike vor den ihr unbekannten Pferden, aber mit Eva bildet sie ein starkes Team.

41 **Bilde Verbformen, ändere von Kasten zu Kasten nur das Angegebene.**

1. Sg. Prät. Ind. Akt.	**Tempus: Perfekt**	**Person: 3. Plural**	**Verb: kaufen**	**Aktiv → Passiv**
ich ging				
3. Sg. Präs. Ind. Akt.	**Person: 1. Plural**	**Verb: zwingen**	**Aktiv → Passiv**	**Tempus: Futur II**
er ruft				

42 **Kreuze an, ob es sich um Passiv (P) oder Futur I (F) handelt.**

	P	F
a) Das Bild wird gemalt.	☐	☐
b) Wir werden von der Maskenbildnerin geschminkt.	☐	☐
c) Wir werden ins Kino gehen.	☐	☐
d) Ihr werdet einen Baum pflanzen.	☐	☐
e) Du wirst beim Fotografen fotografiert.	☐	☐

Aktivsätze in Passivsätze umwandeln

Beim **Umwandeln eines Aktivsatzes in einen Passivsatz** wird
- das Akkusativobjekt des Aktivsatzes zum Subjekt des Passivsatzes und
- die Aktiv-Verbform zur Passiv-Verbform.

Das Subjekt wird im Passivsatz nicht genannt oder durch eine Wendung mit den Präpositionen *von* oder *durch* ergänzt.
Alle anderen Satzglieder bleiben unverändert. Zu den Satzgliedern siehe auch Kapitel 3.

Achtung: Pronomen (↑ Kap. 1.7) musst du anpassen!

43 **Markiere im folgenden Text die Subjekte. Setze den Text anschließend ins Aktiv. Benutze dazu dein Übungsheft.**

Einige Wochen nach Schuljahresbeginn wird unser Schülersprecher von den Klassensprechern gewählt. Von jeder Klasse werden zwei Vertreter vom Rektor in die Aula gerufen. Dort werden einzelne Kandidaten von den Anwesenden vorgeschlagen und deren Namen werden von einem Mitglied der SV an die Tafel geschrieben. Stimmzettel werden von den Klassensprechern ausgefüllt und der Lieblingskandidat wird von ihnen angekreuzt. Die Stimmzettel werden von weiteren SV-Mitgliedern eingesammelt und ausgezählt. Das Ergebnis wird vom Rektor verkündet und der Sieger wird von allen beglückwünscht.

44 **Im Folgenden findest du Sätze im Aktiv, die von einem Tennisspiel berichten. Schreibe die Sätze im Passiv.**

a) Der Argentinier schmetterte den Schläger auf den Platz.

→ Der Schläger wurde von dem Argentinier auf den Platz geschmettert.

b) Der Spieler fand einfach kein Mittel gegen seinen Gegner.

____

____

c) Dabei hatte Guillermo Cañas die lange Siegesserie des Schweizers Roger Federer im Jahr 2007 beendet.

____

____

d) In Miami schlug er Roger Federer kurze Zeit später sogar noch einmal.

____

____

e) Aber dieses Mal erwischte Federer den weit hinter der Grundlinie spielenden Argentinier mit Stoppbällen.

____

____

f) Federer beendete die heutige Partie in Rom siegreich nach nur 83 Minuten.

____

____

Vorgangs- und Zustandspassiv

Man unterscheidet zwischen dem Vorgangs- und dem Zustandspassiv.
Das **Vorgangspassiv** beschreibt einen Vorgang oder eine Handlung. Es wird gebildet mit der konjugierten Form von *werden* und dem Partizip II.
Das **Zustandspassiv** beschreibt einen Zustand oder ein Ergebnis. Es wird gebildet mit der konjugierten Form von *sein* und dem Partizip II.

Vorgang: *Das Tor wird erzielt.*
Zustand: *Das Tor ist erzielt.*

45 **Bilde zu den folgenden Sätzen im Vorgangspassiv das Zustandspassiv und umgekehrt.**

a) Das Buch wird veröffentlicht.

___

b) Der Schüler war von ihrem Lob überrascht.

___

c) Die Buchausstellung wurde beendet.

___

d) Der Hund ist in den Keller gesperrt worden.

___

e) Das Fahrrad wird gekauft.

___

46 **Versuche, mithilfe der vorgegebenen Stichworte das Mannschaftsspiel „Völkerball“ zu erklären. Schreibe im Präsens und benutze Passivformen, wenn es sinnvoll erscheint.**

Völkerballspiel – zwei Mannschaften – vier Mitspieler – bilden

→ Beim Völkerballspiel werden zwei Mannschaften mit je vier Mitspielern gebildet.

von den Schülern – ein Spieler – Hintermann – wählen

gegenüberliegende Grundlinie – aufstellen

Spieler – abwerfen – von der gegnerischen Mannschaft – Spielfeld verlassen

geschicktes Zuspiel von Feld- und Außenspielern – Gegenmannschaft jagen

einsetzen – Hintermann – auf dem Feld – wenige Spieler

festgelegte Zeit – Feldspieler zählen – ermitteln – Sieger

Indikativ und Konjunktiv

Der Begriff **Modus** bezeichnet die Aussageweise eines Satzes.

Für eigene Aussagen wählt man den Modus des **Indikativs.** Er ist die Grundform einer sprachlichen Äußerung: *Ich habe es genau gesehen, der Ball ist hinter der Linie gewesen.*

Man benutzt den **Konjunktiv I,** wenn man die Aussage einer anderen Person wiedergibt (indirekte Rede): *Er behauptete, der Ball sei nicht hinter der Linie gewesen.*

47 **Unterstreiche alle Prädikate in den beiden Sprechblasen.**

Jonas hat heute Geburtstag. Er feiert im Partykeller. Die Party beginnt um drei Uhr.

Leon sagt, Jonas habe heute Geburtstag. Er feiere im Partykeller. Die Party beginne um drei Uhr.

48 **Ordne die Verbformen aus Übung 47 nach Indikativ und Konjunktiv.**

Indikativ	Konjunktiv
______________________	______________________
______________________	______________________
______________________	______________________
______________________	

Die Bildung des Konjunktivs I

Der **Konjunktiv I** wird gebildet, indem an den Präsensstamm die Personalendungen des Konjunktivs *-e, -est, -en, -et* angehängt werden: *ich sag-e, du sag-est, er/sie/es sag-e, wir sag-en, ihr sag-et, sie sag-en.*

Die Formen des Konjunktivs I gibt es in den **Tempusformen**
- Präsens *(Er sagt, er habe gute Laune.)*,
- Perfekt *(Er sagt, er habe gute Laune gehabt.)* und
- Futur *(Er sagt, er werde gute Laune haben.)*.

In der 1. Person Singular Präsens sowie der 1. und 3. Person Plural Präsens ist die Konjunktiv-I-Form mit der Indikativ-Präsens-Form identisch, daher wählt man als Ersatz die Konjunktiv-II-Form:
Ich sagte, ich habe gute Laune. ⟶ *Ich sagte, ich hätte gute Laune.*
Wir/Sie sagten, wir/sie haben gute Laune. ⟶ *Wir/Sie sagten, wir/sie hätten gute Laune.*

49 **Du sitzt mit deinen Großeltern am Abendbrottisch. Da Opa schwerhörig ist, musst du die Sätze deiner Oma noch einmal wiederholen (hier und auf der nächsten Seite) und dabei den Konjunktiv I gebrauchen.**

Oma: „Die schmeckt richtig gut, die Wurst."
Opa: „Ja, ich habe richtig viel Durst."
Enkel zu Opa: „Oma meint, die Wurst schmecke gut."

Oma: „Oder bevorzugst du Marmelade?"
Opa: „Ich esse doch zum Abendbrot keine Schokolade!"

Enkel zu Opa: ______________________________

____

Oma: „Der Käse ist von Feinkost Franken."
Opa: „Ja, dem lieben Gott muss man immer danken."

Enkel zu Opa: ______________________________

____

Oma: „Morgen wird das Wetter schön."
Opa: „Du willst mit mir ins Kino geh'n?"

Enkel zu Opa: ______________________________

____

Oma: „Ich will nachher eine Partie Canasta spielen."
Opa: „Aber ich helfe doch nie beim Spülen!"

Enkel zu Opa: ______________________________

____

Oma: „Morgen kommen Müllers zu Besuch."
Opa: „Ich werde auch nie aus dir klug."

Enkel zu Opa: ______________________________

____

Oma: „Ich brauche Hilfe beim Kuchenbacken."
Opa: „Ja, ich bin verspannt im Nacken."

Enkel zu Opa: ______________________________

____

50 **Bilde den Indikativ und Konjunktiv I Präsens vom Verb *gehen*.**

	Indikativ Präsens	**Konjunktiv I Präsens**
ich		
du		
er/sie/es		
wir		
ihr		
sie		

Die Bildung des Konjunktivs II

Der **Konjunktiv II** wird gebildet, indem an den Präteritumstamm die Personalendungen des Konjunktivs *-e, -est, -en, -et* angehängt werden. Bei starken Verben wird der Stammvokal zu einem Umlaut.

spielen: Präteritum = *ich spielte;* Präteritumstamm = *spielt-*
Konjunktiv: *ich spielt-e, du spielt-est*

kommen: Präteritum = *ich kam;* Präteritumstamm = *kam-*
Konjunktiv: *ich käm-e, du käm-est*

Sehr oft (bei regelmäßigen Verben in allen Personen) ist die Konjunktiv-II-Form mit der Indikativ-Form identisch, daher wählt man als Ersatz die Umschreibung mit *würde:*
ich spielte – wir spielten – ihr spieltet
Indikativ Präteritum = Konjunktiv II
ich würde spielen – wir würden spielen – ihr würdet spielen

51 **Setze die fehlenden Formen in die Tabelle ein.**

Person	Indikativ Präsens	Konjunktiv I	Indikativ Präteritum	Konjunktiv II
sie (Pl.)	können	können	konnten	könnten
er/sie/es				führe
du	bist			
ihr			trugt	
er/sie/es		solle		
wir				sprächen
sie (Pl.)	werden			
ich			stieg	
du		habest		
ich		sei		

Die Verwendung des Konjunktivs II

Der Konjunktiv II drückt meistens die **Nichtwirklichkeit** aus. Er wird verwendet, wenn

- etwas nicht wirklich der Fall ist *(Er tat, als wäre er glücklich.)*,
- etwas möglich ist *(Ich könnte mit dem Auto fahren.)*,
- man sich etwas wünscht *(Ich würde gern verreisen.)* sowie
- in höflichen Aufforderungen *(Hätten Sie etwas Zeit?)*.

52 **Stehen die Verben der Sätze im Indikativ, Konjunktiv I oder Konjunktiv II? Schreibe die Lösung hinter den Pfeil und erkläre dann die Aussagen der einzelnen Sätze.**

a) Die Mutter weiß, dass Tom in der Schule ist.

→ ______________________________

Der Satz bedeutet, dass ______________________________

____

b) Die Mutter behauptet, dass Tom in der Schule sei.

→ ______________________________

Der Satz bedeutet, dass ______________________________

____

c) Die Mutter glaubt, dass Tom sonst in der Schule wäre.

→ ______________________________

Der Satz bedeutet, dass ______________________________

____

____

53 **Ergänze die Ausdrücke aus dem Wortspeicher im Konjunktiv II.**

den Mann schon einmal irgendwo gesehen haben – auf dem Spiel stehen – das Schlimmste noch vor sich haben – diese Arbeit zum ersten Mal machen – es hinter sich haben

a) Es sieht ganz danach aus, als ob wir ______________________

____

b) Du stellst dich ja an, als ______________________

____

c) Er führt sich auf, als ob sein guter Name ______________________

____

d) Mir ist, als ______________________

____

e) Ich wünschte, ich ______________________

____

54 **Vervollständige die Sätze und verwende den Konjunktiv II.**

a) wieder bergauf gehen: Es sieht so aus, als ob es mit ihm

____

b) der Herr des Hauses sein: Er benimmt sich hier, als

____

c) nicht wissen, worum es hier geht: Tu doch nicht so, als ob

____

d) nachdenklich gestimmt haben: Es schien mir, als ob ihn meine

Bemerkung ______________________

Modalverben

Verben lassen sich je nach ihrer Selbstständigkeit im Satz in **Vollverben, Hilfsverben** und **Modalverben** unterteilen.

Die Verben *wollen, sollen, müssen, dürfen, können* und *mögen* gehören zur Gruppe der **Modalverben.** Sie können mit dem Infinitiv (Grundform) eines anderen Verbs verbunden werden.
Modalverben drücken verschiedene Sprechabsichten aus, z. B.

- einen Befehl oder Auftrag,
- eine Absicht oder einen Wunsch,
- ein Gebot, eine Erlaubnis oder ein Verbot,
- eine Möglichkeit oder Fähigkeit.

Die Modalverben können auch allein das Prädikat eines Satzes bilden. Oft kann man sich dann einen Infinitiv hinzudenken.

55 **Was drücken die Modalverben in den folgenden Sätzen aus? Schreibe es hinter die Sätze.**

a) Ich darf an der Feier nicht teilnehmen.

____

b) Oft kann man sich dann einen Infinitiv hinzudenken.

____

c) Timo kann nicht schwimmen.

____

d) Patrick möchte lieber ins Kino gehen.

____

e) Ich mag keine Cola trinken.

____

f) Unser Lehrer will nicht mit uns ins Schullandheim fahren.

____

56 **Formuliere die Sätze um, indem du die farbig markierten Ausdrücke durch Modalverben ersetzt.**

a) Besteht die Möglichkeit, mit dem Bus zu fahren?

____

b) Wir haben die Gelegenheit, mit Freunden in den Urlaub zu fliegen.

____

c) Meine Mutter erlaubt mir, dass ich bis um zwölf Uhr ausgehe.

____

d) Es ist geplant, ein neues Schulhaus zu bauen.

____

e) Möchtest du, dass ich für dich einkaufen gehe?

____

f) Wir haben den Auftrag, unser Zimmer aufzuräumen.

____

g) Sie hat die Fähigkeit, auf den Baum zu klettern.

____

57 **Setze die passenden Modalverben ein.**

a) Ich ______________ mal wieder ein großes Stück Torte essen.

b) Wir ______________ im nächsten Jahr in Urlaub fahren.

c) Er ______________ sehr gut Tennis spielen.

d) Ich ______________ dieses Kleid einfach kaufen, es war zu schön.

e) Du ______________ morgen ins Schwimmbad gehen, ich verspreche es dir.

f) Hier ______________ ein neues Kaufhaus gebaut werden.

1.5 Adjektive

Adjektive

Adjektive beschreiben die Eigenschaften oder Merkmale eines Substantivs: *der große Hund, der rote Ball, die schlechte Witterung.*

Sie werden immer **kleingeschrieben.**

Adjektive können als Beifügung vor einem Substantiv stehen *(das schlechte Wetter)* oder zusammen mit dem Hilfsverb *sein* das Prädikat bilden *(Das Wetter ist schlecht.).*

58 **Setze die passenden Adjektive aus dem Wortspeicher ein.**

großen – schlechtes – wunderschöne – besten – erlebnisreichen – köstlicher – fürchterlichen – aufregenden – freundliche – letzten – erfahrene – spannendes – kleines

Pia berichtet ihrer ____________ Freundin Linda von ihrem ____________ Flug nach Lanzarote im ____________ Sommer: „Ich bin zum ersten Mal mit einem ____________ Flugzeug geflogen. Auf dem Hinflug hatten wir ____________ Wetter, sodass wir unter ____________ Turbulenzen an Bord litten. Die ____________ Stewardess kümmerte sich sofort um mich, denn sie sah, dass ich noch keine ____________ Passagierin war. Sie lenkte mich ab, indem sie mir ein ____________ Buch und ein ____________ Stück ____________ Schokolade brachte. So gut versorgt erreichten wir nach einem ____________ Flug von vier Stunden die ____________ Insel Lanzarote."

5. KLASSE

Die Deklination von Adjektiven

Adjektive werden im selben Fall wie die Substantive dekliniert, bei denen sie stehen:
der schöne Tag, des schönen Tags, dem schönen Tag, den schönen Tag, die schönen Tage, der schönen Tage, den schönen Tagen, die schönen Tage.

59 **Dekliniere das *kleine Kind – die kleinen Kinder* und ergänze die fehlenden Fachbegriffe.**

	Einzahl: ______	**Mehrzahl:** ______
1. Fall Nominativ	das kleine Kind	die kleinen Kinder
2. Fall ______		
3. Fall ______		
4. Fall ______		

60 **Beschreibe kurz deine/n Deutschlehrer/in. Dabei kannst du ihr/sein Aussehen und/oder typische Eigenschaften benennen. Verwende mindestens fünf treffende Adjektive.**

______

______

______

______

______

______

Die Steigerung von Adjektiven

Adjektive können gesteigert werden. Es gibt **drei Steigerungsformen:**

- Positiv: Grundform *(billig, ähnlich, schön, arm, groß, klug).*
- Komparativ: Er wird gebildet, indem man *-er* an die Grundform anhängt *(billiger, ähnlicher, schöner);* wenn in der Grundform ein *a, o* oder *u* vorkommt, wird daraus im Komparativ meist ein *ä, ö* oder *ü (ärmer, größer, klüger).*
- Superlativ: Er wird gebildet durch das Voranstellen des Wörtchens *am* und das Anhängen von *-sten (am billigsten, am ähnlichsten).*

Einige wenige Adjektive haben **unregelmäßige Steigerungsformen,** die man auswendig lernen muss: *gut – besser – am besten, viel – mehr – am meisten.*

Manche Adjektive lassen sich überhaupt nicht steigern: *rot, blau, einzig, super, egal.*

61 **Setze die Adjektive aus dem Wortspeicher in die passenden Lücken ein. Vorsicht! Die Adjektive sind in ihrer Grundform angegeben. Du musst sie deklinieren und kannst sie steigern, wenn es dir sinnvoll erscheint.**

wenige – verwildert – anstrengend – groß – lecker – viel – fantastisch – neu – lang – erfolgreich – gut – unverheiratet – fern – viele – benachteiligt

Heute ist ein besonderer Tag und ich ziehe mein ____________ Kleid an, da meine ____________ Tante aus dem ____________ Afrika zu Besuch kommt. Mein Vater hat extra für sie einen ____________ Kuchen gebacken und meine Mutter hat in unserem ____________ Vorgarten das Unkraut gezupft. Als meine Tante vor ____________ Jahren sagte, dass sie den ____________ Kindern in Afrika helfen wolle, machte die ganze Familie ein ____________ Gesicht – besonders meine ____________ Schwester. Sie hatte ____________ Zeit als die übrigen Nichten und Neffen bei unserer Tante verbracht. Dabei hatten die beiden ______________

Pläne gemacht, wie sie gemeinsam eine ____________ Schule

in Kenia erbauen und leiten könnten.

Aber schon in ______________ Monaten

will auch sie ins Ausland gehen, nach

dem Abschluss ihrer

____________________, aber sicher

____

Schulzeit.

62 **Fülle die Felder aus: Ergänze die Fachbegriffe oben und dann die fehlenden Adjektivformen.**

Positiv		
		am trübsten
	früher	
fein		
vergesslich		
		am kleinsten
hoch		
	wärmer	
rau		
	leiser	
jung		

1.6 Adverbien

Adverbien

Das **Adverb** (Umstandswort, Plural: Adverbien) bestimmt die näheren Umstände eines Geschehens.
Adverbien können nähere Angaben machen

- zum **Ort** (lokal): wo?, wohin?, woher? – *draußen, oben, links, hier, dort*
- zur **Zeit** (temporal): wann?, wie lange? – *heute, jetzt, abends, bald*
- zur **Art und Weise** (modal): wie?, auf welche Weise? – *gern, barfuß*
- zum **Grund** (kausal): warum?, weshalb? – *darum, notfalls, deshalb*

Das Adverb kann im Satz verschieden verwendet werden und übernimmt dann unterschiedliche **Funktionen:**

- als selbstständiges Satzglied (adverbiale Bestimmung): ***Hier** entstehen fünf Neubauten.*
- als Attribut, wenn es Einzelwörtern oder Wortgruppen zugeordnet ist: *Sie ist **sehr** nett.*
- innerhalb einer festen Fügung: *Ich komme **spätestens** morgen zurück.*

63 **Markiere im folgenden Text alle Adverbien.**

Der Fuchs und der Ziegenbock (nach Äsop)

Ein Fuchs fiel unglücklicherweise in einen tiefen Brunnen, aus dem er sich selbst nicht befreien konnte. Sogleich kam ein durstiger Ziegenbock zum Brunnen, und als er den Fuchs sah, fragte er neugierig, ob das Wasser gut sei. Der Fuchs lud den Ziegenbock freundlich ein herabzukommen. Das tat der Bock, und nachdem er seinen Durst gelöscht hatte, fragte er den Fuchs, wie sie herauskämen. Der Fuchs nahm ihn beiseite und sprach listig: „Stelle dich auf deine Hinterbeine und stemme die Vorderbeine an die Wand. Ich will schnell über deinen Rücken und deine Hörner klettern und dir sofort heraushelfen." So taten sie es auch. Als der Fuchs oben stand, tanzte er ausgelassen und rief: „Wenn du nur nachgedacht hättest, wärst du nicht hier hinabgestiegen, ohne zu wissen, wie du wieder hinauskommst." Freudestrahlend lief er davon.

64 **Ordne die Adverbien aus dem Wortspeicher.**

drinnen – stets – darum – deshalb – heute – schließlich – endlich – unterdessen – folglich – glücklicherweise – irgendwo – schnellstens – überall – anstandshalber – hinten

lokal (Ort: wo?, wohin?, woher?)

____

temporal (Zeit: wann?, wie lange?)

____

modal (Art und Weise: wie?, auf welche Weise?)

____

kausal (Grund: warum?, weshalb?)

____

65 **Einige wenige Adverbien bilden Steigerungsformen, indem sie auf andere, veränderbare Wörter zurückgreifen. Fülle die Tabelle aus.**

Positiv (Grundform)	Komparativ	Superlativ
wohl		am besten
sehr	mehr	
bald		am ehesten
gern		am liebsten
oft		

66 **Steigere die Adverbien in den Sätzen mithilfe der Tabelle aus Aufgabe 65.**

a) Positiv: Ich spiele gern mit dir.

Komparativ: Ich spiele lieber mit dir.

Superlativ: Ich spiele am liebsten mit dir.

b) Positiv: Er verhielt sich wohl.

Komparativ:

___

Superlativ:

___

c) Positiv: Über die Niederlage ärgerten sie sich sehr.

Komparativ:

___

Superlativ:

___

d) Positiv: Ich besuche dich bald.

Komparativ:

___

Superlativ:

___

e) Positiv: Sie spielt viel mit Bausteinen.

Komparativ:

___

Superlativ:

___

1.7 Pronomen

Personalpronomen

Wörter, die stellvertretend für ein Substantiv stehen können, werden **Pronomen** genannt.

Personalpronomen stehen als Stellvertreter für Personen, Gegenstände oder Sachverhalte: *Die Hefte liegen hier.* → *Sie liegen hier.*
Singular: ich, du, er / sie / es
Plural: wir, ihr, sie

67 **Ersetze die farbig hervorgehobenen Wörter bzw. Wortgruppen durch Personalpronomen. Schreibe die geänderten Sätze in dein Übungsheft.**

a) Die ganze Klasse, 13 Jungen, 14 Mädchen und ihre Klassenlehrerin Frau Müller, besuchte den Weihnachtsmarkt.
b) Die Kinder waren besonders begeistert von der riesigen dreistöckigen Pyramide, die dieses Jahr erstmals auf dem Marktplatz aufgestellt wurde.
c) Das Krippenspiel gefiel den Schülern jedoch überhaupt nicht.

68 **Schreibe den folgenden Text in dein Heft, ersetze dabei die farbig hervorgehobenen Wörter durch geeignete Pronomen.**

Wie jedes Jahr fährt Julia mit ihren Eltern in den Sommerferien nach Holland. Seit Neuestem hat Julia auch einen Hund. Natürlich möchte Julia den Hund mit in den Urlaub nehmen. Weil zu Hause niemand auf den Hund aufpassen kann, stimmen Julias Eltern zu. Julias Eltern machen jedoch zur Bedingung, dass Julia sich selbstständig um den Hund kümmert.

Possessivpronomen

Possessivpronomen geben ein Besitzverhältnis an oder drücken eine Zugehörigkeit aus. Sie begleiten oder ersetzen ein Substantiv: *Meine Hose ist blau und deine grün.*

Singular: mein, dein, sein/ihr/sein
Plural: unser, euer, ihr

69 **Setze die fehlenden Pronomen ein und schreibe in Klammern, ob es sich um ein Personalpronomen (Pers.) oder um ein Possessivpronomen (Poss.) handelt.**

In dem Jugendroman „Theo haut ab“ von Peter Härtling wird erzählt, wie der zehnjährige Theo von zu Hause wegläuft. ______________ (______________) verlässt ______________ (______________) Zuhause, weil __________ (__________) Eltern sich nicht mehr vertragen. Auch in der Schule hat ______________ (__________) Probleme: ______________ (__________) Noten sind schlecht und mit __________ (__________) Mitschülern versteht ________ (__________) sich auch nicht. Da denkt ___________ (__________): „__________ (__________) hau ab! __________ (__________) lernen ja doch nur Unsinn. __________ (__________) könnt mich alle mal! Macht’s gut.“ So verlässt Theo die Stadt, aber zum Glück bleibt ______________ (______________) nicht lange alleine: ______________ (__________) findet einen Freund. Gemeinsam erleben __________ (______________) viele Abenteuer und lösen auch Theos Probleme.

Reflexivpronomen

Das **Reflexivpronomen** drückt aus, dass sich ein Geschehen oder eine Handlung auf den Handelnden (das Subjekt) selbst zurückbezieht.

Bei manchen Verben kann das Reflexivpronomen nicht durch ein Substantiv ersetzt oder weggelassen werden, ohne dass das Verb eine andere Bedeutung bekommt oder der Satz sinnlos oder falsch wird. Man spricht dann von einem **echt reflexiven Gebrauch eines Verbs.**
Echt reflexiv: *Die Schüler beeilten sich.*
Unmöglich: *Die Schüler beeilten ihre Klassenkameraden.*
Unmöglich: *Die Schüler beeilten.*
Echt reflexiv: *Walter entfernte sich.*
Anderer Sinn: *Walter entfernte den Deckel.*

Demgegenüber spricht man von einem **unecht reflexiven Gebrauch,** wenn das Reflexivpronomen durch ein Substantiv ersetzt werden kann.
Unecht reflexiv: *Ich wasche mich. Ich wasche das Auto.*

70 **Setze die passenden Reflexivpronomen ein und entscheide, ob es sich um einen echt oder unecht reflexiven Gebrauch handelt.**

a) Moritz kauft __________ eine CD der Band PLOFF.

(______________________)

b) Er sehnt ______________________ danach, endlich einmal ein Konzert dieser Band besuchen zu können.

(______________________)

c) Leonie sagt: „Seit ich jeden Tag 1,5 km laufe, kann ich ______________ in der Schule viel besser konzentrieren."

(______________________)

d) Ihre Freundin erklärt dazu: „Mir ist auch aufgefallen, dass du __________________ jetzt viel ruhiger verhältst."

(______________________)

Demonstrativpronomen

Demonstrativpronomen weisen auf etwas oder jemanden hin.
Die Verwendung von *dieser, diese, dieses* und *jener, jene, jenes* richtet sich nach dem Inhalt: *dieser* weist auf etwas Näheres, *jener* auf etwas Entfernteres hin.

71 **Setze die passenden Demonstrativpronomen in den Text ein.**

denselben – der – derjenige – derselbe – diesem – jenem – solche

Lea zeigt ihrer Freundin Antonia ihre Urlaubsfotos. Sie erklärt ihr, was auf den Bildern zu sehen ist: „In ____________ Haus haben wir gewohnt. In ____________ haben unsere Freunde für eine Woche gewohnt. Sie haben ____________ Garten wie wir genutzt. Morgens hat immer einer für beide Familien im Dorf beim Bäcker die Brötchen geholt. ____________, der morgens als Erster wach war, hat sich auf das Fahrrad geschwungen und ist ins Dorf zum Bäcker gefahren. ____________ war für diesen Tag dann von allen Besorgungsgängen befreit. Ich bin immer gerne früh aufgestanden und geradelt, weil es schön war, bei Sonnenschein durch den aufsteigenden Nebel in den Dünen zu fahren und die unterschiedlichen Vogelstimmen zu hören. ____________ Naturschauspiele haben die Langschläfer natürlich verpasst. Siehst du den Hund dort hinter dem Zaun? ________ hat ständig gekläfft, wenn wir uns im Garten aufhielten."

7. KLASSE

Relativpronomen

Die **Relativpronomen** *der, die, das* und *welcher, welche, welches* leiten einen Nebensatz (Relativsatz) ein. Sie richten sich in ihrer Form nach dem Bezugswort: *Das Haus, welches am Fluss stand, wurde abgerissen.*

72 **Setze die Relativpronomen *der, die, das* in der richtigen Form ein.**

Verteidigungsanlagen, in ______________ sich die Bevölkerung bei Gefahr zurückziehen konnte, hatte es schon immer gegeben. Im 11. Jahrhundert begann man jedoch Burgen, ______________ in der Einöde errichtet wurden, zu bauen. Dem Feind, ______________ die Burg belagerte, sollte der Angriff möglichst schwer gemacht werden. Daher errichtete man die Burg entweder auf einem Gipfel, ______________ nur schwer zugänglich war, oder man umgab sie mit einem tiefen Wassergraben, ______________ man künstlich anlegte. Die Feinde, ______________ es gelang, bis an die Burgmauer vorzudringen, wurden mit heißem Pech oder Wasser übergossen. Natürlich wohnte der Burgherr mit seiner Familie, ______________ manchmal sehr groß war, auch in Friedenszeiten auf der Burg. Dabei war das Leben in der Burg, ______________ düster und kalt war, oft sehr anstrengend. Es gab nur einen beheizten Wohnraum, ______________ über der Küche lag. Deshalb klagten die Burgherren, ______________ gerne ein angenehmeres Leben wollten, über den mangelnden Komfort. Die Dienerinnen und Diener, von ______________ es auf der Burg für die unterschiedlichen Aufgaben zahlreiche gab, mussten in der Nähe der Tiere schlafen.

Indefinitpronomen

Indefinitpronomen *(jemand, niemand, etwas, nichts, alle, jeder, kein* usw.*)* verwendet man bei Angaben über Personen oder Sachverhalte, die man nicht genauer bestimmen kann oder will. Sie richten sich gewöhnlich nach dem Substantiv, das sie begleiten oder ersetzen.
Die Pronomen *etwas, man* und *nichts* sind unveränderlich.

73 **Suche alle Pronomen heraus und markiere sie. Übertrage die Tabelle unten in dein Heft und setze die Pronomen anschließend in die richtige Spalte.**

Etliche Bundesbürger werden auch dieses Jahr wieder viel Geld für ihr Feuerwerk an Silvester ausgeben. Das beliebteste Produkt sind nach wie vor die Raketen, die um Mitternacht in die Luft geschossen werden. Man erwartet für dieses Jahr, dass wieder mehrere Millionen Raketen abgefeuert werden. Hilfsorganisationen weisen jedes Jahr darauf hin, dass das Geld, das für die Knallerei ausgegeben wird, besser gespendet werden sollte. Trotz dieser Hinweise und knapper Haushaltskassen verzichten die Deutschen nicht auf diesen Spaß.
Neueste Umfragen haben ergeben, dass Frauen lieber ihren Partner zu Silvester knallen lassen, als dass sie selbst zum Feuerzeug greifen. Psychologen erklären solches Verhalten so: Das alte Jahr mit lautem Krachen zu verabschieden, beruht auf dem männlichen Imponiergehabe, das bereits zu Urzeiten entstanden sein soll. Die Lust, andere zu erschrecken, beginne bei manchen Jungen schon im Kindergartenalter und erreiche ihren Höhepunkt in der Pubertät. Es sei somit ein typisch männliches Verhalten.

Personal-pronomen	Possessiv-pronomen	Demonstrativ-pronomen	Indefinit-pronomen	Relativ-pronomen

7. KLASSE

1.8 Präpositionen

Präpositionen

Präpositionen (Verhältniswörter) geben Beziehungsverhältnisse an: *vor, nach, über, neben, zwischen.*
Sie kommen immer mit einem übergeordneten Wort vor (meist Substantiv oder Pronomen): *vor dem Haus – nach zwei Stunden*. Zusammen bilden sie eine Wortgruppe (die sogenannte **Präpositionalgruppe**).
Manche Präpositionen können mit dem nachfolgenden Artikel verschmelzen: *ins (= in das) Grüne; zum (= zu dem) Fußballspiel.*

Präpositionen bestimmen den Kasus (Fall) ihres Bezugswortes. Lokalen Präpositionen folgt auf die Frage *wo?* der Dativ *(Die Kinder tanzen unter dem Baum)*, auf die Frage *wohin?* der Akkusativ *(Die Kinder gehen in den Garten).*

74 **Vervollständige die Tabelle mit den Angaben aus dem Wortspeicher.**

WARUM? – hinter die Tür – vor Anstrengung – neben dem Schrank – wegen ihrer Tochter – mit großem Mut – nach zwei Stunden – WANN? – vor vier Jahren – WIE? – auf Englisch – WO? WOHIN?

	Räumliches Verhältnis	**Zeitliches Verhältnis**	**Verhältnis der Art und Weise**	**Begründung**
Fragewort				
Beispiele				

75 **Bestimme, ob die Präposition ein lokales (Ort), temporales (Zeit), kausales (Grund) oder modales (Art und Weise) Verhältnis ausdrückt.**

a) Felix hat mit (modal) seinen Freunden eine Abenteuerwanderung im (____________) Schwarzwald organisiert.

b) Während (____________) der letzten Klassenfahrt ging es mitten in (____________) der Nacht los.

c) Philipp war sehr ängstlich. Vor (____________) lauter Furcht traute er sich nicht vor (____________) das Haus.

d) Nach (____________) zwei Stunden wurden alle, ausgerüstet mit (____________) einem Kompass und einem Handy für den Notfall, im (____________) Wald allein gelassen.

e) Sie sollten den Weg zur Jugendherberge in (____________) weniger als zwei Stunden zurücklegen.

76 **Setze in den folgenden Text die richtigen Präpositionen ein.**

__________ einer knappen Woche bin ich __________ einem kleinen Campingplatz __________ Holland. __________ des guten Wetters sind wir oft ________ Strand. __________ die Dünen führt ein schmaler Pfad direkt ________ Meer. ________ zwölf Uhr gehen wir immer zur Strandbude, ________ der wir meistens Fritten Spezial essen. __________ unserem Mahl halten wir ein kurzes Nickerchen. Miriam hat uns gestern ________ einer kalten Dusche geweckt. Sie hat uns________ einer Düne aus nass gespritzt. Dann haben wir sie zum Wasser gejagt und eine Wasserschlacht begonnen.

1.9 Konjunktionen

Konjunktionen

Konjunktionen (Bindewörter) verbinden Sätze, Wortgruppen und Wörter.

Nebenordnende Konjunktionen verbinden gleichrangige (Teil-)Sätze, Wörter und Wortgruppen. Dazu gehören Konjunktionen, die Sätze, Wortgruppen und Wörter aneinanderreihen *(und, sowie, oder, sowohl ... als auch, entweder ... oder)*, und solche, die Gegensätze und Einschränkungen *(aber, trotzdem, jedoch)* oder einen Grund angeben *(denn, deshalb)*.

Unterordnende Konjunktionen verbinden einen Nebensatz mit einem Hauptsatz. Sie leiten Aussagen ein

- zur Zeit *(während, bevor, nachdem)*,
- zum Grund *(da, weil)*,
- zum Zweck *(dass, damit)*,
- zu Bedingungen *(denn, falls)*,
- zu Einschränkungen/Gegensätzen *(obwohl, obgleich)*.

77 **Setze die passenden Konjunktionen ein.**

__________________ wir das Kino verlassen hatten, besuchten wir ein Schnellrestaurant um die Ecke. Meine Mutter bestellte sich nur einen Kaffee, ___________ sie kann Hamburger nicht riechen. _______________ sie keine Schnellrestaurants mag, tut sie uns Kindern schon mal den Gefallen ____________ spendiert uns hier ein Kindermenü. ____________ Cola ___________ Pommes haben wir natürlich nie zu Hause, __________________ mögen wir das im Schnellrestaurant besonders gerne essen. ____________ wir wieder zu Hause sind, essen wir gesunde Sachen: Äpfel ____________ Bananen essen wir täglich, ____________ Birnen mag ich gar nicht.

78 **Ordne die Konjunktionen aus dem Wortspeicher richtig in die Tabelle ein.**

als – obschon – nachdem – weil – damit – ehe – dass – obgleich – um zu – falls – wenn – da – bis – obwohl

Zeit	Grund	Zweck	Gegensatz	Bedingung

79 **Welche Konjunktion passt nicht dazu? Kreise sie ein und begründe.**

a) als – nachdem – bevor – falls

Erklärung: ______________________________

b) und – aber – jedoch – oder

Erklärung: ______________________________

c) obwohl – und – obgleich – obschon

Erklärung: ______________________________

1.10 Numeralia

Numeralia

Zahlwörter, die als Beifügung zu einem Substantiv stehen, gehören zu den Adjektiven. Man unterscheidet zwischen

- Kardinalzahlen (Grundzahlen: *eins, zwei* usw.),
- Ordinalzahlen (Ordnungszahlen: *erster, zweiter* usw.) und
- unbestimmten Zahlwörtern *(einige, viele, manche* usw.*).*

80 **Entscheide, ob du für die Zahlen in den Klammern eine Ordinalzahl, eine Kardinalzahl oder eine Vervielfältigungszahl einsetzen musst.**

Am Samstag lädt Max ____________________ (8) Freunde ein. Der ________________ (1) bekommt von den anderen einen Kinogutschein. Miriam klingelt als ________________ (1). Als __________________ (3) kommt Valentin. Die __________________ (8) ist Hanna. Sie hat den Bus verpasst.

81 **Setze die unbestimmten Zahlwörter aus dem Wortspeicher in den Text ein.**

wenig – ein paar – meiste – wenigen – viele – manche – einige

Sophia kann in den Ferien ein ___________ länger schlafen. Die __________________ Zeit wird sie bei ihrer Oma verbringen. Sie wohnt in einer Bergmannssiedlung und hält _________________ Hühner. _____________ der ehemaligen Bergleute haben ihre Tiere abgeschafft, weil sie die __________________ Eier, die sie brauchen, lieber kaufen, aber __________________ halten sich noch __________________ Tiere für den eigenen Bedarf.

1.11 Interjektionen

Interjektionen

Interjektionen stehen im Satz isoliert und werden deshalb oft von einem nachfolgenden Satz mit einem Komma oder einem Ausrufezeichen abgetrennt: *Brrr, ist das kalt!*
Interjektionen kommen vor allem in **gesprochener Sprache** oder in **Comics** vor.
Interjektionen können folgende **Funktionen** erfüllen:

- Empfindungen zum Ausdruck bringen *(ach, ah),*
- Aufforderungen ausdrücken *(basta, halt),*
- Laute nachahmen *(miau, peng),*
- ein Gespräch in Gang halten (Gesprächswörter) *(genau, ja, richtig).*

82 **Ordne die Interjektionen aus dem Wortspeicher nach ihrer Funktion in die folgende Tabelle ein.**

brr – hurra – oh – aua – hm – igitt – basta – miau – aha – tatütata – bitte? – genau – wuff wuff – dalli dalli – pfui – peng – wow – pst – he

Empfindung	Aufforderung	Laute	Gesprächswörter

2 Wortbildung

2.1 Zusammensetzung

Grundwort und Bestimmungswort

Den ersten Bestandteil einer Zusammensetzung nennt man **Bestimmungswort,** weil er das Grundwort näher bestimmt. Der letzte Bestandteil einer Zusammensetzung heißt **Grundwort.**

Bestimmungswörter können Adjektive, Verben und Substantive sein. Wenn Verben das Bestimmungswort bilden, fällt die Infinitivendung *-en* oder *-n* weg.
Beispiel: *bunt* (Adjektiv) + *Stift* = *Buntstift; mal(en)* (Verb) + *Stift* = *Malstift*

Das **Grundwort** ist der wichtigste Bestandteil einer Zusammensetzung, es bestimmt das Genus der Zusammensetzung und um welche Wortart es sich bei der Zusammensetzung handelt.

Manchmal braucht man zur Verbindung zweier Wörter noch ein sogenanntes **Fugenelement.**
Beispiel: *Bild* + *er* (Fugenelement) + *rahmen* = *Bilderrahmen*
Advent + *s* (Fugenelement) + *kranz* = *Adventskranz*

1 **Unterstreiche bei den folgenden Zusammensetzungen das Grundwort und setze den richtigen Artikel ein.**

_____ Autofahrer	_____ Mathematiklehrerin
_____ Gasthaus	_____ Klettergerüst

2 **Bestimme die Wortart der folgenden Zusammensetzungen und entscheide, ob du sie groß- oder kleinschreiben musst. Streiche die falsche Schreibung durch.**

Z/zitronengelb ______________	S/schnellläufer ______________
F/fertiggericht ______________	R/riesengroß ______________

7. KLASSE

3 **Setze die folgenden Wörter zusammen. Welches Fugenelement brauchst du?**

Bestimmungs-wort	Fugen-element	Grundwort	Zusammensetzungswort
Brille		Schlange	
Freund		Kreis	
Schmerz		Geld	
Dorn		Hecke	

4 **Setze mithilfe der folgenden Wortbausteine die Adjektive und Substantive wieder richtig zusammen. Natürlich darfst du auch Fugenelemente einsetzen. Denke daran: Substantive werden großgeschrieben.**

braun – drehen – Eis – fahren – geheim – gehen – Geist – gut – Hand – Haus – lesen – Pfeil – Spindel – Staub – Tag – reiten

Adjektiv	Substantiv
____________dürr	____________bär
____________kalt	____________schein
____________hoch	____________tipp
____________reich	____________stiefel
____________trocken	____________buch
____________schnell	____________brille
____________hell	____________weg
____________fest	____________zeit

2.2 Ableitung

Ableitung

Eine Möglichkeit der Wortbildung ist die sogenannte **Ableitung.** Jedes Wort enthält mindestens einen **Wortstamm,** dieser Wortstamm wird durch das Voranstellen einer **Vorsilbe (Präfix)** oder das Anhängen einer **Nachsilbe (Suffix)** zu einem neuen Wort.

Präfixe: *be-leben, ent-laufen, ver-geben, Miss-klang, zer-brechen*
Suffixe: *lebend-ig, Kind-heit, Bild-ung, ärger-lich, Sauber-keit*

5 **Zerlege folgende Wörter in ihre Wortbausteine – Präfix und Wortstamm.**

Aufgabe	________________	Vorfall	________________
Zunahme	________________	Eingang	________________
Verkauf	________________	Entschluss	________________

6 **Bilde aus den gefundenen Präfixen und Wortstämmen neue Wörter.**

____

____

____

____

7 **Bilde aus den folgenden Adjektiven Substantive und schreibe sie mit Artikel auf. Denke daran, dass man Substantive großschreibt.**

schön ________________________________

fähig ________________________________

reich ________________________________

verwandt ________________________________

8 **Bilde aus folgenden Wortstämmen durch Anhängen von Suffixen Adjektive. Denke daran, dass man Adjektive kleinschreibt.**

Wunder ____________________

Furcht ____________________

Ärger ____________________

Traum ____________________

Wind ____________________

9 **Schreibe die typischen Suffixe zur Adjektivbildung heraus.**

____

____

10 **Bilde Verkleinerungsformen zu folgenden Wörtern.**

Zimmer ____________________

Tuch ____________________

Haus ____________________

11 **Bilde aus folgenden Wortbausteinen neue Wörter und setze sie in die Geschichte ein.**

an – ärgert – auf – Bäck – Be – be – bereiten – Bröt – chen – dien – en – er – lang – laufen – lege – lich – natür – sam – stehen – über – ung – vor – zahl – ziehen – zurück

Wenn morgens der Wecker klingelt und ich ____________________ muss, drehe ich mich erst noch einmal auf die andere Seite und höre ein wenig Radio. Dabei ____________________ ich mir auch, was ich ____________________ könnte. Spätestens wenn ich das Pfeifen des Wasserkessels aus der Küche höre, setze ich einen Fuß aus dem Bett. Wenn ich das Frühstück ____________________ muss, habe ich ____________________ keine Zeit, noch länger im Bett zu bleiben. Jedes Wochenende ist ein anderes Familienmitglied an der Reihe. Eigentlich gehe ich gerne zum ____________________, um knusprige____________________ zu kaufen. Aber leider habe ich schon ein paarmal meine Geldbörse vergessen, sodass ich nochmal ____________________ musste und meine Eltern ____________________ waren, weil sie so lange warten mussten. Außerdem ist die ____________________ beim Bäcker manchmal etwas ____________________, dann bildet sich schnell eine Schlange. Alle halten dann schon nervös ihr Geld in der Hand, weil sie endlich ____________________ wollen und sich auf ein gemütliches Frühstück freuen.

2.3 Wortkürzung

Kurzwortbildung

Auch durch Wortkürzung können neue Wörter entstehen **(Kurzwörter).** Längere Wörter oder Wortgruppen werden dabei gekürzt bis auf:

- einzelne Buchstaben: *Zweites Deutsches Fernsehen → ZDF, Deutscher Aktienindex → DAX / Dax,*
- einzelne Silben: *Schiedsrichter → Schiri,*
- einen zusammenhängenden Teil des Wortes (+ Suffix *-i* oder *-o*): *Weblog → Blog, Diskothek → Disko, Professioneller → Profi.*

12 **Schreibe zu jedem Wort das Kurzwort auf.**

Short Message Service: ______________________

Abitur: ______________________

Volkswagen: ______________________

Assistent: ______________________

Anrufbeantworter: ______________________

Mathematik: ______________________

High Definition Television: ______________________

13 **Was bedeuten die folgenden Kurzwörter? Tipp: Schlage in einem Wörterbuch nach.**

App: ______________________

DNS: ______________________

DVD: ______________________

MMS: ______________________

NATO / Nato: ______________________

2.4 Wortfeld und Wortfamilie

Wortfeld und Synonyme

Wörter, die eine ähnliche – manchmal sogar gleiche – Bedeutung haben, bilden ein **Wortfeld.** Wenn du dich in einem Wortfeld gut auskennst, schreibst du bestimmt bessere Aufsätze, weil du nicht immer das gleiche Wort wiederholen musst.

Wörter mit fast gleicher Bedeutung nennt man **Synonyme:** *plötzlich, auf einmal, unvermittelt, mit einem Mal.*

14 **Bilde Wortfelder: Finde zu den folgenden Wörtern mindestens fünf sinnverwandte Wörter.**

fragen: ______________________________

höflich: ______________________________

schwimmen: ______________________________

sagen: ______________________________

15 **Im folgenden Text findest du viele Wortwiederholungen. Ersetze die Wörter in den Klammern durch sinnverwandte Ausdrücke.**

Ein Nachbarschaftsfest

Am vergangenen Samstag haben wir ein Nachbarschaftsfest gefeiert. Insgesamt haben 35 Familien ______________________ (mitgefeiert). Unsere Straße wurde für den Durchgangsverkehr gesperrt, damit wir auch auf der ______________________ (Straße) feiern konnten. Nachmittags haben wir zwei Turniere veranstaltet. Alle Kinder und auch viele der Erwachsenen haben mitgemacht. Die einen haben beim Rollhockey ______________________ (mitgemacht) und die anderen Fußball gespielt. Wir hatten alle sehr viel Spaß bei den ________________________ (Spielen). Alle Nachbarn haben etwas zu essen mitgebracht. Mein großer Bruder hat einen Sauerkrautsalat ________________________ (mitgebracht). Unsere Nachbarin hatte eine Käsesuppe gemacht und meine Mutter hatte ihre berühmten Donauwellen ________________________ (gemacht). Es hat allen gut geschmeckt. Am besten hat mir aber die Riesenportion Eis ________________________ (geschmeckt), die ich als Nachtisch gegessen habe. Am Abend haben wir ein Lagerfeuer angezündet. Als es später kühl wurde, haben alle ganz nah an ________________________ (Lagerfeuer) gestanden. Bevor wir ins Bett gingen, sagte meine Mutter, dass das bestimmt das schönste Nachbarschaftsfest seit Jahren gewesen ist und dass wir nächstes Jahr ________________________ (bestimmt) wieder feiern werden.

Wortfamilie

Alle Wörter, die denselben Stamm haben, gehören – obwohl sie ganz unterschiedliche Bedeutungen haben können – zu einer **Wortfamilie:**
lächeln, Lacher, Lacherfolg, lächerlich, lächerlicherweise, Lachfältchen, Lachlust

16 **Setze in die jeweiligen Wortfamilien den passenden Stamm ein.**

fall – geb – mut – red – schlag – such

a) Unter_________ung, ver_________en, Be_________

b) ver_________en, _________ig, ent_________igen

c) auf_________en, Über_________, Zu_________

d) ab_________en, aus_________en, An_________er

e) Unter_________ung, Verab_________ung, Vor_________e

f) Vor_________, An_________, be_________en

17 **Suche zu jeder Gruppe aus Aufgabe 14 noch fünf weitere Wörter und notiere sie in den Tabellen auf dieser und der folgenden Seite.**

fall	geb	mut

red	schlag	such

18 **Je vier Wörter gehören zu einer Wortfamilie. Ordne sie einander zu.**

abbauen – aufziehen – Fahrschein – bebauen – Umbau – Hilflosigkeit – fahrlässig – verzogen – geholfen – Zug – hilfsbereit – Helfer – Gefährt – Abfuhr – Hausbau – umziehen

Wortfamilie 1	Wortfamilie 2
Wortfamilie 3	**Wortfamilie 4**

2.5 Homonym und Antonym

Homonym

Gleichlautende Wörter, die verschiedene Bedeutungen haben, heißen **Homonyme.** Ihre Bedeutung geht aus dem Satzzusammenhang hervor.

*Die Nadeln der **Kiefer** sind lang.* (= Baum)
*Der **Kiefer** des Raubtiers ist kräftig.* (= Teil des Gesichts)

19 **Ergänze jeweils einen Satz, in dem das hervorgehobene Wort eine andere Bedeutung hat.**

a) Ich habe ein Konto auf der Bank.

____

b) Zu Weihnachten backen wir immer viele Plätzchen.

____

c) Die Schlange vor der Kasse ist sehr lang.

____

d) Der Klempner dichtet das Rohr ab.

____

e) Die Fliege summte aufgeregt an der Zimmerdecke.

____

f) Das Schloss klemmt.

____

g) Im Zoo habe ich einen Strauß gesehen.

____

h) Am Morgen kräht der Hahn.

____

Antonym

Ein **Antonym** bezeichnet das Gegenteil des Gesagten. Das Antonym zu *schwarz* ist *weiß*.

20 **Finde das passende Antonym.**

riesig – ______

groß – ______

hell – ______

Mann – ______

gehen – ______

verlieren – ______

Liebe – ______

berufstätig – ______

viel – ______

kalt – ______

mutig – ______

21 **Finde fünf weitere Gegensatzpaare.**

a) ______ – ______

b) ______ – ______

c) ______ – ______

d) ______ – ______

e) ______ – ______

3

Satzglieder

3.1 Grundsätzliches

Umstellprobe und Ersatzprobe

Die einzelnen Bestandteile, in die du einen Satz zerlegen kannst, nennt man **Satzglieder.**
Sie können bestehen aus
- einem einzelnen Wort *(Sie/singt/Lieder.)* oder
- einer Wortgruppe *(Die junge Nachwuchssängerin/hat/beim Talentwettbewerb/ein Lied von ihrer Lieblingsband/gesungen.).*

Um festzustellen, welche Wörter zusammengehören und somit ein Satzglied bilden, gibt es zwei Methoden:
- **Umstell-** oder **Verschiebeprobe:** Du stellst die Teile eines Satzes um, ohne dass sich der Sinn des Satzes ändert. Alle Wörter, die bei der Umstellung zusammenbleiben, gehören zu einem Satzglied.
Meine Deutschlehrerin/liest/mit uns/gerne/Jugendbücher.
Gerne/liest/meine Deutschlehrerin/Jugendbücher/mit uns.
Mit uns/liest/meine Deutschlehrerin/gerne/Jugendbücher.
- **Ersatzprobe:** Ein Satzglied kannst du durch andere Wörter oder Wortgruppen ersetzen. Überlege, welches Wort bzw. welche zusammengehörenden Wörter ersetzt werden können, dann findest du heraus, welches Wort bzw. welche Wörter ein Satzglied bilden.
Das schöne Bild meiner Großmutter/hängt/über unserem Fernseher.
Es (= Das schöne Bild meiner Großmutter) hängt dort (= über dem Fernseher).

1 **Bilde aus den einzelnen Wörtern einen sinnvollen Satz. Beachte die Groß- und Kleinschreibung.**

ich – Schwester – in – Stadt – der – gestern – Florians – traf – Abend

____

____

____

2 **Führe an dem Satz aus Aufgabe 1 die Umstellprobe durch: Bilde fünf verschiedene sinnvolle Sätze.**

3 **Welche Wörter bleiben in Aufgabe 2 immer zusammen und bilden somit ein Satzglied? Setze in Aufgabe 2 Trennstriche zwischen den Satzgliedern.**

4 **Ersetze die farbig hervorgehobenen Satzglieder durch Pronomen (↑ Kap. 1.7). Manchmal musst du im Satz eine Umstellung vornehmen.**

a) Viele Kinder besuchen den Kinderspielplatz in der Kirchstraße.

b) Ohne Zögern beging der Dieb den Einbruch.

3.2 Satzglieder unterscheiden

Subjekt

Das Satzglied, das du mit *wer?* oder *was?* erfragen kannst, nennt man **Subjekt** (Satzgegenstand).

Die Frage *wer?* verwendest du bei Personen. Die Frage *was?* verwendest du bei Sachen, Stoffen und Materialien.
Du erfährst,

- wer oder was etwas tut *(**Der Lehrer** liest eine Geschichte vor.)*,
- wer oder was etwas ist *(**Der Apfelsaft** ist süß.)*.

Ein Subjekt kann u. a. bestehen aus

- einem Substantiv *(**Kakao** schmeckt gut!)*,
- einem Substantiv mit Artikel *(**Der Kaffee** ist sehr stark.)*,
- einem Substantiv mit Pronomen *(**Dein Tee** ist mal wieder vorzüglich.)*,
- einem Substantiv mit Artikel und Adjektiv *(**Die eiskalte Cola** war sehr erfrischend.)*,
- einem Substantiv mit Pronomen und Adjektiv *(**Seine heiße Schokolade** war ein Genuss.)*,
- einem Pronomen *(**Es** war das beste Getränk, das ich je getrunken hatte.)*.

5 **Setze auf dieser und auf der nächsten Seite die passenden Subjekte aus dem Wortspeicher ein. Wie fragst du nach dem Subjekt?**

die Schüler – der Hausmeister – die Buden – alle

a) Für das Schulfest baut ______________________ schon früh am Morgen die große Bühne auf.

Frage: ______________________

b) Wenig später treffen ______________________ ein, um die Buden und Verkaufsstände aufzustellen.

Frage: ______________________

c) ______________________ wurden in den letzten Wochen gemeinschaftlich von Schülern, Lehrern und Eltern hergestellt.

Frage: ______________________

d) Jetzt warten ______ gespannt auf die ersten Gäste.

Frage: ______________________

6 **Führe die Weglassprobe durch, indem du alle Wörter streichst, die nicht zum Kernsatz aus Subjekt und Prädikat (↑ S. 80) gehören.**

a) Die Schüler werden vom Schulleiter für ihren besonderen Einsatz gelobt.

b) Die Lehrer tanzen mit den Eltern und Schülern ausgelassen in der Schuldiskothek.

c) Um 20:00 Uhr endet das Fest leider schon.

d) Zufrieden mit dem Fest gehen alle nach Hause.

7 **Unterstreiche das Subjekt und schreibe das passende Fragewort darunter. Achtung: Das Subjekt kann aus mehreren Wörtern bestehen.**

a) Die Schminkaktion ist ein voller Erfolg.

____

b) Die kleinen Kinder wollen von den älteren Schülerinnen geschminkt werden.

____

c) In der Pause versammeln sich schon wieder neue Kunden vor dem Stand.

____

8 **Suche aus dem folgenden Text alle Subjekte heraus und trage sie in die Tabelle ein. Ersetze die Subjekte jeweils durch ein Pronomen.**

Den ganzen Tag hatte sich gestern die Sonne nicht blicken lassen. Dunkle Regenwolken zogen von Westen auf. Heute war zwar der erste Ferientag, aber die Kinder konnten einfach nicht vor die Tür treten. So beschloss David, den Tag im Bett zu vergammeln. Das neue Buch von Tante Carla lag schließlich noch ungelesen auf dem Nachttisch und wollte gelesen werden. Während David es sich im Bett gemütlich machte, trommelten dicke Regentropfen an das Dachfenster. „So ein Tag im Bett kann auch richtig gemütlich sein“, dachte David und fing an zu lesen. Noch am selben Abend hatte der Bücherwurm es geschafft: Das dicke Buch war ausgelesen.

Subjekt	passendes Pronomen

Prädikat

Das **Prädikat** (Satzaussage) ist der wichtigste Teil des Satzes. Es drückt aus, was jemand tut oder was geschieht. Am Prädikat erkennst du, wann etwas geschieht oder getan wird bzw. in welchem Zeitverhältnis es zu anderen Geschehen oder Handlungen steht.

Das Prädikat besteht

- entweder aus der **Personalform des Verbs** *(Ich **lache** über deinen Witz.)*
- oder aus einer **zwei- oder mehrteiligen Verbform** *(Tim **hat** in der Badewanne **gesungen**.)*. Hier treten zu der Personalform Prädikatsteile hinzu, die nicht konjugiert werden. Man spricht dann von einer Verbklammer, weil das Prädikat einen Teil des Satzes umklammert. Die Verbklammer kann auch aus einem Verb mit trennbarem Verbzusatz bestehen.

Die Personalform des Verbs steht im **Aussagesatz** immer an der zweiten Satzgliedstelle: *Pia kauft für Tim eine Konzertkarte.*
Auch in der **Ergänzungsfrage,** die mit einem Fragewort eingeleitet wird und auf die es viele verschiedene Antwortmöglichkeiten gibt, steht das Prädikat als zweites Satzglied direkt hinter dem Fragewort: *Wann kommt er?*
In der **Entscheidungsfrage** steht die Personalform des Verbs an erster Stelle. Zur Beantwortung von Entscheidungsfragen gibt es nur zwei Möglichkeiten: Ja oder Nein. *Kommt er morgen?*
Bei **Aufforderungssätzen** steht die Imperativform des Verbs an erster Satzgliedstelle: *Komm sofort nach Hause!*

9 **Ergänze das Prädikat mit der passenden Personalendung.**

a) Ich hab___ einen Frosch im Hals.

b) Sie hab___ einen grünen Daumen.

c) Wir nag___ am Hungertuch.

d) Er mach___ die Pferde scheu.

e) Ihr bleib___ stumm wie ein Fisch.

10 **Fülle die Lücken aus: Suche aus dem Wortspeicher einen passenden Infinitiv und setze ihn in der richtigen Verbform ein.**

mögen – finden – fahren – herstellen – basteln – bleiben – verbringen – nutzen

a) Lea __________ gerne in den Urlaub, aber ihr Vater ____________ lieber zu Hause.

b) Er __________ sehr gerne und __________ jede freie Minute für sein Hobby.

c) Leas Mutter ____________ dieses Hobby nicht, denn oftmals ____________________ ihr Mann den ganzen Abend im Hobbykeller.

d) Nur Leas Bruder Ben __________________ es toll, dass sein Vater so viele Dinge selbst __________________.

11 **Unterstreiche im folgenden Text alle Prädikate.**

Versuchen Sie es doch mal mit einem neuen Gericht aus der französischen Küche: Mandelzwieback! Dazu benötigen Sie zwar etwas Zeit und Fingerspitzengefühl, aber der Aufwand lohnt sich.

Zunächst mahlt man 250 Gramm Mandeln. Dann verrührt man vier Eier mit 50 Gramm Zucker. Nun siebt man 500 Gramm Mehl, gibt die Mandeln hinzu und verknetet das Ganze mit der Eier-Zucker-Masse zu einem festen Teig. Anschließend rollt man den Teig zu länglichen Bändern und setzt sie auf ein Backblech.

Dann backt man die Teigrollen bei mittlerer Hitze 30 Minuten.

12 **Subjekt und Prädikat müssen in Person und Numerus übereinstimmen. Wie müssen die Verbindungen für die Gegenwart (Präsens) in den folgenden Beispielen lauten? Setze ein.**

a) Meine Eltern besuch___ ein Museum. Wir besuch___ gemeinsam das Wachsfigurenkabinett.

b) Wer kauf___ die Eintrittskarten? Mein Vater kauf___ die Eintrittskarten.

c) Meine Mutter zeig___ mir die Stadt. Ich zeig___ die Stadt meinem Freund Ben.

d) Trink___ du auch eine Cola? Ich frag___ euch: Trink___ ihr auch eine Cola?

e) Alex und Annika geh___ gerne ins Kino. Heute Abend geh___ ich mit ihnen. Du geh___ doch bestimmt auch gerne ins Kino. Sollen wir alle gemeinsam geh___?

f) Wegen der langen Filmdauer komm___ wir anschließend bestimmt sehr spät nach Hause. Hoffentlich komm___ der Bus pünktlich. Komm___ du denn trotzdem mit?

13 **Verbinde jeweils ein Subjekt mit einem passenden Prädikat und bilde sinnvolle Sätze in deinem Übungsheft.**

Subjekte:	Prädikate:
die Sonne	schwimmen gehen
die Kinder	stattfinden
der Ausflug	fliegen
der Ball	scheinen

Objekt

Oftmals reicht es nicht aus, zu sagen, wer handelt oder was geschieht. Man will auch wissen, auf wen oder auf was sich ein Geschehen bezieht. Eine solche Ergänzung nennt man **Objekt.**
Er singt. – Er singt ***ein Lied.***
Du hilfst. – Du hilfst ***mir.***
Wir reden. – Wir reden ***über Filme.***

Wie das Subjekt können auch **Objekte aus mehreren Wörtern** und unterschiedlichen Wortarten bestehen: *Er singt seiner Mutter vor. Er singt ein schönes Lied.*

Ein Satz kann mehrere Objekte haben: *Ich gebe ihm/ein Buch.*

Das Verb bestimmt, wie viele und welche Ergänzungen notwendig sind, damit ein vollständiger Satz entsteht. Es gibt Verben, denen immer ein Objekt folgt: *Chiara besucht Niklas. Sie schenkt mir/einen neuen Krimi.*

14 **Verbessere in den folgenden Sätzen die Personalpronomen. Schreibe die Sätze richtig auf.**

a) Ich danke dich.

____

b) Der Lehrer gibt dich die Kreide.

____

c) Der Entführer entledigt sich ihm.

____

d) Die Mitschüler helfen ihrer.

____

e) Die Meute fiel über euer her.

____

f) Der Lehrer stellt dich eine Frage.

____

Akkusativobjekt

Das **Akkusativobjekt** erfragst du mit *wen?* oder *was?*.
Sie küsst das Kind. Wen küsst sie? Das Kind.
Er wäscht die Wäsche. Was wäscht er? Die Wäsche.

15 **Unterstreiche die Akkusativobjekte. Bestimme dann die Wortart.**

Für die Herstellung eines Milchshakes benötigt man natürlich hauptsächlich Milch. Du solltest sie immer nur gut gekühlt verwenden. Die meisten Menschen trinken nicht so gerne H-Milch. Deshalb solltest du lieber Frischmilch verarbeiten. Deiner Fantasie sind keine Grenzen gesetzt: Du kannst Fruchtmilchshakes oder auch cremige Shakes herstellen. Der Klassiker unter den Milchshakes, der Bananenshake, ist ganz leicht zuzubereiten. Man stellt ihn her, indem man erst eine Banane mit Eis püriert und sie dann mit Zimt und Zucker vermischt.

Substantiv:

____

____

____

____

____

____

Pronomen:

____

____

____

16 **Ergänze die unvollständigen Sätze mit den Wörtern aus dem Wortspeicher. Beachte, dass du die Wörter in den Akkusativ setzen musst.**

ich – der Clown Beppo – tausend Dank – die Frage – der Zirkus – Katharina und Julia – sie – das mutige Auftreten

a) Heute besucht Katharina mit ihrer Freundin Julia ______________.

b) An der Kasse fragt ______________ ein alter Mann, ob sie ______________ unterstützen können.

c) Sofort beantworten sie ______________ mit „Ja!".

d) Der Kassierer lobt ______________.

e) Lange mustert Beppo ______________, bis er endlich sagt: „Ihr habt ________ gerettet. Ich schulde euch ______________."

17 **Bestimme die einzelnen Satzglieder nach dem Beispiel: Wir sahen einen Igel. Wir: Subjekt – sahen: Prädikat – einen Igel: Akkusativobjekt**

a) Sie hat die schwere Tüte getragen.

____

____

b) Die Strafarbeit hat sie erledigt.

____

____

c) Den Hund hat Anton gebracht.

____

____

Dativobjekt

Das **Dativobjekt** erfragst du mit *wem?*.
Es geht ihm gut. Wem geht es gut? Ihm.

18 **Setze die passenden Objekte aus dem Wortspeicher ein. Bestimme die Objekte, indem du die Abkürzungen dahinterschreibst: DO (Dativobjekt) und AO (Akkusativobjekt).**

den ersten Kassensturz des Abends – das schöne Wetter –
die Rennen – das erste Radrennen der Saison – die Rennbahn –
seinem Gegner Risi – dem warmen Frühlingswetter –
den Wettkampf – den Abend – die gute Stimmung

Die Sonne steht tief und taucht ______________________ (____) in warmes Licht. ______________________ (____) nimmt der Rennleiter erfreut zur Kenntnis, denn im letzten Jahr hatte er ______________ (____) auf der offenen Rennbahn wegen Regens absagen müssen. ______________________________________ (____) ist es zu verdanken, dass heute über 800 Zuschauerinnen und Zuschauer ______________________________ (____) besuchen. Die Fahrer beginnen ______________________________ (____). Am Ende ist Franco __________________________ (____) unterlegen. Das Publikum genießt __________________________ (____) und beendet _____________________ (____) mit braun gebratenen Würstchen. Gut gelaunt ist auch die Rennleitung, die im Büro __________________________________ (____) vornimmt.

19 **Natalia ist vor ein paar Monaten mit ihren Eltern nach Deutschland gekommen. Mit ihrem Deutsch klappt es schon ganz gut, allerdings hat sie noch etwas Schwierigkeiten bei der Deklination der Objekte. Sie verwendet immer nur Akkusativobjekte. Verbessere ihre Sätze.**

a) Ich danke dich sehr, dass du mich helfen willst.

____

b) Das Kind ähnelt seinen Vater.

____

c) Wir helfen unsere alte Nachbarin.

____

d) Die Kinder sind eine große Katastrophe entgangen.

____

20 **Unterstreiche das Prädikat und bestimme die farbig hervorgehobenen Satzglieder.**

a) Im Mittelalter lebte in einem kleinen Dorf eine berühmte Hexe.

____

b) Viele Menschen vertrauten dieser Hexe.

____

c) Drei Ärzte versuchten den kranken Bürgermeister zu heilen.

____

d) Die Hexe gab dem Bürgermeister bereitwillig die rettende Medizin.

____

Genitivobjekt

Das **Genitivobjekt** erfragst du mit *wessen?*. Es wird heute nur noch selten gebraucht.
Der Lehrer nimmt sich der Fragen an. Wessen nimmt sich der Lehrer an? Der Fragen.

21 **Vermeide die etwas altmodisch klingenden Genitivobjekte, indem du andere Verben benutzt.**

a) Ich harre des Besuchs meines Freundes.

___

b) Er bediente sich einer gepflegten Ausdrucksweise.

___

c) Wir nahmen uns unserer neuen Mitschülerin an.

___

d) Auf der Flucht entledigte sich der Dieb seiner Beute.

___

e) Die Schüler bedurften der Hilfe des Lehrers.

___

f) Das Kind wurde des Daumenlutschens entwöhnt.

___

g) Der Dieb bemächtigte sich der Tasche der Passantin.

___

Präpositionales Objekt

Das **präpositionale Objekt** (Objekt mit Präposition) erfragst du z. B. mit *auf was?, mit was?, über wen?, von wem?, zu wem?.*
Du erkennst es daran, dass das Fragewort allein nicht ausreicht, um festzustellen, welche Wörter bzw. Wortgruppen zusammengehören. Du brauchst zusätzlich eine **Präposition.**
Wir rechnen fest mit seinem Besuch.
***Mit** was/Wo**mit** rechnen wir fest?*
Mit seinem Besuch.

Ich bekomme von ihm ein Geschenk.
***Von** wem bekomme ich ein Geschenk?*
Von ihm.

22 **Bestimme die farbig hervorgehobenen Objekte, indem du folgende Abkürzungen in die Klammern einträgst: GO (Genitivobjekt), DO (Dativobjekt), AO (Akkusativobjekt), PO (präpositionales Objekt).**

a) Die Kinder beschenkten ihre Großmutter (____) mit einem Geburtstagskuchen (____).

b) Die größte Freude an diesem Tag machte ihr jedoch der Sohn aus Amerika mit einem Überraschungsbesuch (____).

c) Auch Onkel Willi wollte der Jubilarin (____) eine „kurze" Rede (____) halten.

d) Nur knapp konnten die Gäste dieser Rede (____) entkommen, die normalerweise nie weniger als eine halbe Stunde dauert.

e) Die Gäste verstehen sich gut mit ihren Verwandten und Bekannten (____).

f) Am Ende des Tages bedankt sich die Großmutter mit einer Rede (____) bei ihren Gästen (____).

23 **Setze aus den angebotenen Wörtern sechs vollständige Sätze zusammen. Bedenke, dass Sätze – abhängig vom jeweiligen Prädikat – auch mehrere Objekte haben können.**

Subjekte	**Prädikate**	**Objekte**
Lasse	bedürfen	des kranken Hundes
wir	abbeißen	der Unterstützung
ich	sich annehmen	ihm
deine beste Freundin	achten	unserem Nachbarn
Lisa	bitten	kein Wort
der Hund	begegnen	Angst
sie	glauben	die Lehrerin
die Lehrer		um meinen kranken Hund
		auf Sauberkeit in der Klasse
		von dem Kuchen

a) ______________________________

____

b) ______________________________

____

c) ______________________________

____

d) ______________________________

____

e) ______________________________

____

f) ______________________________

____

24 **Suche die passende Präposition heraus und schreibe den Satz richtig in dein Übungsheft.**

a) Herr Richter beharrt [neben / auf / in] seinem Standpunkt.

b) Die Klasse bangt [über / an / um] die bevorstehende Klassenfahrt.

c) Die Schülerinnen freuen sich [auf / um / über] die neue Mitschülerin.

25 **In den nächsten Tagen soll eine neue Mitschülerin in die Klasse kommen. In der allgemeinen Aufregung sind wohl wichtige Wörter verloren gegangen – die Präpositionen. Setze die fehlenden Wörter ein.**

Heute spricht der Klassenlehrer ____________ der 5b und erinnert die Schülerinnen und Schüler ____________ das unangenehme Gefühl des Neuseins. Er sagt, er vertraue ____________ die gute Klassengemeinschaft und hoffe, dass sich alle __________ die Neue kümmern werden. „Sie hört ____________ den Namen Penelope und stammt ____________ einem alten Adelsgeschlecht. Ihr Urgroßvater kämpfte ____________ die Armeen des ...“ Weiter kommt er nicht, der Rest seiner Worte geht ____________ dem Gejohle der Klasse unter. Sie achten nicht mehr ____________ die Ratschläge ihres Lehrers. Weil es der Klasse ____________ dem notwendigen Ernst fehlt, können die Schülerinnen und Schüler nicht mehr ____________ die Klassenarbeit in der nächsten Woche üben.

Attribut

Ein **Attribut** erläutert die besonderen Merkmale einer Person oder Sache. Es gibt Antwort auf Fragen, die mit *welcher?, welche?, welches?, was für ein(e)?* eingeleitet werden.
Es ist **kein** selbstständiges Satzglied, sondern lediglich ein **Satzgliedteil.** Deshalb bleibt es bei der Umstellprobe immer mit seinem Bezugswort verbunden. Das Attribut kann vor oder hinter seinem Bezugswort stehen.

Es gibt verschiedene Formen des Attributs. Häufig kommen vor:

- **Adjektivattribute:** *Die Ferienzeit ist die **schönste** Zeit.*
- **Genitivattribute:** *Die Ferienzeit ist die schönste Zeit **des Jahres.***
- **präpositionale Attribute:** *Die Ferien **im Sommer** sind die schönsten.*
- **Pronomen:** ***Unsere** Ferien sind vorbei.*
- **Zahlwörter:** ***Zwei** Sommer lang haben wir die Ferien in Schweden verbracht.*
- **Appositionen:** *Die Ferien, **die schönsten seit Langem,** waren toll.*

26 **Suche die Attribute aus den Werbesprüchen heraus und unterstreiche sie.**

Unser Bestes nur für Sie!

Zehn brillante Farben ohne Nachtönen!

Die Neuheit des Jahres!

Längerer Genuss bei gleichem Preis!

JETZT NEU: Kaugummi mit neuen Geschmacksrichtungen!

27 Trage die Attribute aus Übung 26 in die Tabelle ein.

Adjektiv-attribut	Genitiv-attribut	präpositio-nales Attribut	Pronomen	Zahlwort

28 Bilde eigene Werbesprüche, indem du Bezugswörter und Attribute sinnvoll zusammensetzt. Achtung: Um alle Attribute verwenden zu können, musst du für manche Wörter mehrere Attribute benutzen!

Attribute	Bezugswörter
dies(e) – für höchste Ansprüche – erstklassig – der Spitzenklasse – der Stoffe – in drei neuen Sorten – traumhaft – faszinierend – in großer Auswahl – toll	Fahrvergnügen – Qualität – Kaffeespezialität – Verarbeitung – Urlaubsziel

____

____

____

____

____

____

29 Ordne die Attribute aus Übung 28 in eine Tabelle ein, die du nach dem Muster aus Übung 27 in dein Übungsheft überträgst.

Adverbiale Bestimmungen

Adverbiale Bestimmungen bezeichnen die genaueren Umstände eines Geschehens. Folgende Wortarten können als adverbiale Bestimmungen vorkommen:

- Adjektive und Partizipien *(hungrig – häufig – mürrisch),*
- Substantive mit Präposition *(im Wald – vor der Gartentür – am Bahnhof),*
- Adverbien *(heute – tagsüber – mittags).*

Man unterscheidet

- **adverbiale Bestimmungen der Zeit und Zeitdauer:** sie geben Auskunft über den Zeitpunkt oder die Dauer eines Geschehens und können mit den Fragewörtern *wann?, wie oft?, wie lange?* usw. erfragt werden;
- **adverbiale Bestimmungen des Grundes:** sie geben Auskunft über den Grund eines Sachverhaltes bzw. Geschehens und können mit den Fragewörtern *warum?, weshalb?* erfragt werden;
- **adverbiale Bestimmungen der Art und Weise:** sie geben Auskunft über die Beschaffenheit und Intensität eines Geschehens und können mit den Fragewörtern *wie?, wie viel?, wie sehr?* erfragt werden;
- **adverbiale Bestimmungen des Ortes:** sie geben Auskunft über den Ort, die Richtung, die Herkunft oder die räumliche Ausdehnung eines Sachverhalts oder Geschehens und können mit den Fragewörtern *wo?, wohin? wie weit?* erfragt werden.

Adverbiale Bestimmungen können sich entweder nur auf das Verb beziehen oder auf den gesamten Satz.
Hanna kaute ***genüsslich*** *den Apfel.* (Bezugswort: kaute)
Offensichtlich *hat es viel Spaß gemacht.* (Satz als Bezugspunkt)

30 **Ordne die im Text farbig hervorgehobenen adverbialen Bestimmungen in die Tabelle auf der nächsten Seite ein.**

Till Eulenspiegel (nach Hermann Bote)

Einstmals wanderte Till Eulenspiegel nach Bayreuth, wo er zur Mittagszeit hungrig in eine Gaststätte einkehrte. Wegen seiner Geldnot spielte Till Eulenspiegel dem dummen Wirt einen Streich.
Zunächst bestellte er freundlich ein Glas Wein. Gleich darauf rief er ihn zurück und sprach aus purer Schalkheit: „Herr Wirt, holen Sie mir dafür ein Paar Würstchen." Der Wirt brachte schnell das Gewünschte. Till Eulenspiegel aß die Würstchen genüsslich auf und wollte nach dem Mahl das Lokal verlassen. Der Wirt hielt ihn aber an der Tür zurück und rief ärgerlich: „Zuerst zahlt Ihr mir die Würstchen!" „Eure Würstchen zahle ich

nicht", antwortete Till rasch, „denn ich habe euch gut mit dem Glas Wein entlohnt." „Das habt Ihr auch nicht bezahlt!", rief der Wirt voller Zorn. „Das habe ich ja auch nicht getrunken", antwortete Till gewitzt und ging guten Mutes davon.
Der dumme Wirt schaute verdutzt dem frechen Gast hinterher und hatte an diesem Tag das Nachsehen.

Zeit (wann?)	Ort (wo?)	Grund (warum?)	Art und Weise (wie?)

31 **Baue die adverbialen Bestimmungen in den jeweiligen Satz ein. Achtung: Manchmal musst du ein Satzglied umstellen. Schreibe in dein Übungsheft.**

a) früher – voller Angst:
Manche Menschen dachten an die Streiche des Till Eulenspiegel.
b) gern – an langen Winterabenden – am Kamin:
Viele aber erzählten die Geschichten ihren Kindern.
c) auch heute noch – in der Schule – in Deutschland – häufig:
Seine Streiche werden gelesen.
d) wegen seines Witzes:
Die Kinder mögen Till Eulenspiegel.
e) auf lustige Art und Weise:
Der Leser der Geschichten wird belehrt.

32 **Finde die adverbialen Bestimmungen aus Übung 31, indem du mit dem passenden Fragewort fragst.**

früher: adverbiale Bestimmung der Zeit (wann?)

voller Angst: ______________________________

gern: ______________________________

an langen Winterabenden: ______________________________

am Kamin: ______________________________

auch heute noch: ______________________________

in der Schule: ______________________________

in Deutschland: ______________________________

häufig: ______________________________

wegen seines Witzes: ______________________________

auf lustige Art und Weise: ______________________________

33 **Bilde fünf Sätze aus den angegebenen Satzgliedern.**

Subjekt	**Prädikat**	**Objekt**	**adverbiale Bestimmung**
– Ich – die Geschichten von Till Eulenspiegel – der Autor – Till Eulenspiegel – der Leser	– belehren – werden geschrieben – lachen – aufdecken – lesen	– von Hermann Bote – Geschichten von Till Eulenspiegel – über Tills Späße – die Dummheit der Menschen	– oftmals – auf lustige Art und Weise – im 15. Jahrhundert – wegen des unerwarteten Endes – gern

34 **Entscheide, ob die farbig gedruckten Wendungen ein Attribut oder eine adverbiale Bestimmung des Ortes sind.**

a) Am Anfang des Markttages liefern die geschäftstüchtigen Händler ihre Waren auf dem riesigen Platz (____________________) an.

b) Viele Bauern aus den umliegenden Dörfern (____________________) bieten ihre eigene Ware an.

c) Die meisten kaufen aber im nahe gelegenen Großmarkt (____________________) noch Obst und Gemüse zu, um den Kunden ein breites Angebot machen zu können.

d) Die Waren aus dem Großmarkt (____________________) kommen zum Teil aus weit entfernten Ländern (____________________).

e) Auf dem Großmarkt (____________________) werden Waren aus weit entfernten Ländern (____________________) angeboten.

Attribut, adverbiale Bestimmung und präpositionales Objekt

Attribute, adverbiale Bestimmungen und präpositionale Objekte sind manchmal schwer zu unterscheiden, weil sie alle die gleiche Form haben können.

- Nach einem **Attribut** fragt man mit den Fragewörtern *welche(r)?, was für eine(r)?. Der Reisebus mit der Jugendgruppe fährt auf der Autobahn. Welcher Reisebus? – Der Reisebus mit der Jugendgruppe.*
- Nach einer **adverbialen Bestimmung** fragt man mit den Fragewörtern *wo?, wann?, wie?, warum?* usw. *Ich werde die Sommerferien mit viel Spaß verbringen. Wie werde ich die Ferien verbringen? – Mit viel Spaß.*
- Nach einem **präpositionalen Objekt** fragt man mit einer Präposition und einem Fragewort. *Ich reise mit der Jugendgruppe nach Italien. Mit wem reise ich nach Italien? – Mit der Jugendgruppe.*

35 **Bestimme die hervorgehobenen Satzglieder. Unterscheide zwischen adverbialen Bestimmungen, Attributen und präpositionalen Objekten.**

a) Der Kfz-Mechaniker arbeitet mit großer Sorgfalt an der Reparatur des Wagens.

____

b) Mit seinen Mitarbeitern hat er ein neuartiges Instandsetzungsverfahren entwickelt.

____

c) Ein Auszubildender holt die Kiste mit den notwendigen Werkzeugen.

____

d) Durch die gute Zusammenarbeit schafft das Team die schwierige Reparatur in weniger als zwei Stunden.

____

____

36 **Bestimme, ob es sich um ein präpositionales Objekt oder eine adverbiale Bestimmung handelt.**

a) Mit vorgehaltener Waffe (____________________) bedroht der Täter den Kassierer.

b) Der Dieb durchwühlt den Tresor nach Edelsteinen (____________________) und flüchtet danach auf die Straße (____________________).

c) Vor Schreck (____________________) lässt der Verkäufer den Ring fallen, ohne auf dessen Verbleib (____________________) zu achten.

d) Der Polizist spricht mit den Zeugen (____________________), die den Überfall aus der Ferne (____________________) beobachtet haben.

e) Die Polizei bemüht sich um eine rasche Aufklärung des Falles (____________________).

37 **Suche die Attribute heraus, markiere sie und bestimme, um welche Attribute es sich handelt.**

a) Ferien auf dem Bauernhof sind eine spannende Angelegenheit.
→ präpositionales Attribut

____

b) Die stressgeplagten Eltern genießen die Abgeschiedenheit des Dorfes.

____

____

c) Ohne irgendeine Verpflichtung können die Feriengäste im Stall helfen.

____

____

d) Oder aber sie unternehmen kurze Ausflüge in die nähere Umgebung.

e) Die technikbegeisterten Jungen fahren gerne mit dem Traktor des Bauern mit.

f) Die für Pferde schwärmenden Mädchen sind am liebsten im Pferdestall des Bauern.

g) Mit viel Begeisterung bestaunen die Jüngsten Hasen, Hühner und Katzen.

4 Der Satz

4.1 Grundsätzliches

Aussagesatz

Der **Aussagesatz** ist die häufigste Satzart. Mit ihm wird ein Sachverhalt ausgesagt oder mitgeteilt. Die Personalform des Verbs steht an zweiter Satzgliedstelle. Am Ende des Aussagesatzes steht ein Punkt.
Der Zug fährt gleich ab.

1 **Schreibe den Text ab. Setze dabei nach jedem vollständigen Satz einen Punkt. Denke an die korrekte Schreibung der Satzanfänge.**

WIR BITTEN UM FÜNF MINUTEN AUFMERKSAMKEIT ES GEHT UM DIE SICHERHEIT IHRER KINDER IMMER MEHR KINDER STERBEN IM STRASSENVERKEHR DAS MUSS NICHT SEIN DURCH GESCHWINDIGKEITSBEGRENZUNGEN KÖNNTEN VIELE UNFÄLLE VERMIEDEN WERDEN WIR ELTERN SETZEN UNS DAFÜR EIN

Fragesatz

Der **Fragesatz** wird verwendet, wenn man etwas erfahren will, was man noch nicht weiß.
Man unterscheidet

- **Entscheidungsfrage:** Die Personalform des Verbs steht an erster Stelle. Die Antwort lautet entweder Ja oder Nein.
  Kommst du mit ins Schwimmbad?
- **Ergänzungsfrage:** Sie wird durch ein Fragewort eingeleitet *(wer, was, wann, wo).* Die Personalform des Verbs steht an zweiter Stelle hinter dem Fragepronomen. Die Antwort besteht aus mehreren Wörtern oder einem ganzen Satz:
  Wo ist mein Schlüssel?

2 **Setze im folgenden Text die fehlenden Satzschlusszeichen.**

Gullivers Reisen nach Liliput (nach Jonathan Swift)
Das Schiff fuhr nach Ostindien und ich hatte als Arzt nicht viel zu tun _ Doch eines Nachts gerieten wir in einen fürchterlichen Sturm _ Welch ein Unwetter zog über uns her _ Nach mehreren Tagen Kampf gegen die Naturgewalten zerbrach die „Antilope" und versank _ Was sollte jetzt aus mir werden _ Ich trieb ohne Hoffnung auf Rettung allein auf den Wellen durch die dunkle Nacht _ Da, plötzlich fühlte ich Grund unter meinen Füßen _ Wo war ich _ Ich stolperte durch den nassen Sand und betrat festen Boden _ Nirgends sah ich Zeichen menschlichen Lebens Nun, fürs Erste war ich gerettet _ Beruhigt schlief ich ein _
Am nächsten Morgen wollte ich mich wohlig in der warmen Sonne räkeln Doch was war das _ Ich konnte mich nicht bewegen _ Jetzt wollte ich mich aufsetzen _ Es misslang _ Noch nicht einmal den Kopf konnte ich bewegen _ Was war in der Nacht geschehen _ Mit langsamen Bewegungen versuchte ich, den Kopf aus seiner seltsamen Starre zu befreien _ Nach Verlust mehrerer Haare konnte ich den Kopf wenigstens so weit bewegen, dass ich an mir hinunterschauen konnte _ Ich war von Kopf bis Fuß gefesselt _ Doch wer hatte dieses Kunststück vollbracht _

Aufforderungssatz

Der **Aufforderungssatz** kann je nach Sprecherabsicht eine Bitte, einen Befehl, eine Forderung oder einen Vorschlag zum Ausdruck bringen. Der Sprecher oder Schreiber richtet sich damit an eine andere Person.
Die Personalform des Verbs steht in der **Befehlsform** (Imperativ, ↑ S. 17) und befindet sich im Satz an erster Stelle; als Satzschlusszeichen steht in der Regel ein Ausrufezeichen.
Aufforderungssätze enden bei allgemeinen Aufforderungen mit dem Infinitiv eines Verbs: *Kommt essen.*

3 **Im Auto sagt Frau Müller zu ihrem Mann: „Du fährst weiter." Wie muss der Satz betont werden, wenn er als Frage, als Aufforderung oder als Feststellung verstanden werden soll? Probiere es aus.**

4 **Formuliere den Satz so um, dass auch in geschriebener Form die Absicht des Sprechers zu erkennen ist.**

Du fährst weiter.

Frage: ______________________________

Aufforderung: ______________________________

Feststellung: ______________________________

4.2 Hauptsatz und Nebensatz

Hauptsatz und Nebensatz

Einen **Hauptsatz** erkennst du daran, dass er alleine stehen kann und die Personalform des Verbs an zweiter Satzgliedstelle steht.
Zwischen Hauptsätzen, die ohne eine Konjunktion aneinandergereiht werden, steht ein Komma.
*Pia spielt mit den Mädels ihrer Clique Fußball***,** *Tim geht mit seinen Freunden shoppen.*

Einen **Nebensatz** erkennst du daran, dass er nicht alleine stehen kann und die Personalform des Verbs an letzter Satzgliedstelle steht.
Zwischen Nebensatz und Hauptsatz steht ein Komma.
*Tim spielt nicht mit dem Computer***,** *weil er keine Lust dazu hat.*

5 **Bestimme im folgenden Text, ob es sich um einen Haupt- oder einen Nebensatz handelt, indem du alle Hauptsätze blau, alle Nebensätze grün unterstreichst.**

Stadtmaus und Feldmaus (nach Martin Luther)

Eine Stadtmaus ging einmal spazieren, als ihr eine Feldmaus begegnete. Die Feldmaus gab der Stadtmaus gerne von ihren Vorräten ab. Weil die Feldmaus aber nur Früchte des Waldes und Feldes besaß, lud die Stadtmaus sie zu einem Besuch bei ihr ein. Ihre Speisekammer war randvoll mit herrlichen Speisen. Es gab Brot, Schinken, Speck, Kuchen und allerlei mehr. Da kam aber der Besitzer der Speisekammer herein und die Mäuse suchten zitternd vor Angst ein Versteck. Die Stadtmaus floh sofort in ihr Mäuseloch. Da die Feldmaus sich aber nicht auskannte, fand sie kein sicheres Versteck und wäre beinahe umgekommen. Nach diesem Erlebnis wollte die Feldmaus schnell wieder nach Hause. „Bleibe du ruhig eine feine Stadtmaus. Ich will ein armes Feldmäuschen bleiben und bescheiden meine Eicheln und Nüsse essen. Hier in der Stadt fühle ich mich nicht sicher, weil es überall Gefahren gibt. Allein auf dem Land bin ich frei und sicher in meinem Feldlöchlein.“

6 **Entscheide, ob ein Komma zwischen den Sätzen stehen muss. Dabei hilft dir die Unterscheidung zwischen Hauptsatz und Nebensatz.**

Bis wir uns wiedersehen _ werde ich jeden Tag an dich denken.

Ich denke an dich _ und wir sehen uns bestimmt wieder.

Wir treffen uns in Hamburg _ oder wir sehen uns in Berlin wieder.

Das erste Mal sahen wir uns in Hamburg _ das nächste Mal trafen wir uns in Berlin.

Für nächstes Jahr planen sie einen gemeinsamen Urlaub _ oder sie bleiben zu Hause.

Obwohl ein gemeinsamer Urlaub geplant war _ blieben sie lieber zu Hause.

Ich mag dich _ und ich will mit dir ins Kino gehen.

Weil ich dich mag _ will ich mit dir ins Kino gehen.

4.3 Satzreihe und Satzgefüge

Satzreihe und Satzgefüge

Werden zwei gleichrangige Sätze (Hauptsatz + Hauptsatz) miteinander verbunden, spricht man von einer **Satzreihe.** Steht zwischen den Sätzen einer Satzreihe keine Konjunktion (Bindewort), muss ein Komma gesetzt werden.
Marias Familie fährt an die Nordseeküste, sie will dort campen.

Werden zwei nicht gleichrangige Sätze (z. B. Hauptsatz + Nebensatz) miteinander verbunden, spricht man von einem **Satzgefüge.** Zwischen dem Nebensatz und dem übergeordneten Satz steht immer ein Komma.
Weil viele Menschen vom großen Geld träumen, spielen sie regelmäßig Lotto.

7 **Sortiere die folgenden Satzverbindungen: Welche sind Satzreihen, welche Satzgefüge? Trage die richtigen Buchstaben unten in der Tabelle ein.**

a) Meine Mutter will heute in die Stadt fahren, und sie will den Lottoschein abgeben.
b) Die Frau in der Annahmestelle, die alle Kunden stets zuvorkommend behandelt, kennt meine Mutter, die jeden Freitag kommt, schon persönlich.
c) Nachdem meine Mutter den Lottoschein abgegeben hat, kauft sie auch meistens noch eine Zeitschrift.
d) Manchmal bringt sie mir auch eine Jugendzeitschrift mit, und ich lese sie noch am gleichen Tag.
e) Weil meine Freundin die Zeitschrift auch gerne liest, gebe ich sie ihr, nachdem ich die interessanten Artikel gelesen habe.
f) Sie schneidet sich dann immer die Poster der aktuellen Bands aus, aber ich interessiere mich mehr für die Sportstars.

Satzreihe	Satzgefüge

8 **Ergänze in den folgenden Satzreihen die notwendigen Kommas und klammere die Kommas ein, die nicht unbedingt stehen müssen.**

a) Am Schulsportfest nehmen alle Klassen teil die Schülerinnen der Jahrgangsstufen 11 und 12 werden in Gruppen aufgeteilt.
b) Für jede Gruppe ist eine Lehrperson zuständig denn die Ergebnisse sollen korrekt auf den Leistungsbögen eingetragen werden.
c) Hoffentlich scheint die Sonne aber das Sportfest findet auch bei kurzen Regenschauern statt.
d) Zum Staffellauf versammeln sich alle an dem großen Rasenplatz und die Schülerinnen und Schüler der unteren Klassen beginnen den Wettkampf.

9 **In den folgenden Satzgefügen fehlen die Kommas. Außerdem ist die Wortstellung im Nebensatz falsch. Schreibe den Satz richtig darunter.**

a) Unsere Begleiter aber konnten meine Eltern überzeugen weil sie hatten die Tour schon einmal gemacht.

____

____

b) Nach dem Elternabend an dem sie hatten die schönsten Bilder gezeigt wollte mein Vater auch als Betreuer mitfahren.

____

____

c) Das war aber nicht möglich obwohl ich hätte nichts dagegen gehabt.

____

____

d) Mein Vater war enttäuscht weil er hatte sich auf die Reise gefreut.

____

____

Satzreihen verbunden mit Adverbien

Sätze können auch durch **Adverbien** miteinander verbunden werden. Durch diese Adverbien (↑ Kap. 1.6) werden die Handlungen oder Tatsachen, von denen in den beiden Sätzen die Rede ist, näher aufeinander bezogen. Das Verhältnis kann z. B. zeitlich (temporal), begründend (kausal), gegensätzlich (adversativ), örtlich (lokal) oder vom Zweck (final) bestimmt sein.

10 **Wähle passende Adverbien aus und setze sie in die folgenden Satzverbindungen ein. Schreibe in die Klammer, um welches Verhältnis es sich handelt.**

dadurch – dazu – daraufhin – dennoch – deshalb – deswegen – trotzdem

Die Herbstferien sind am Samstag zu Ende, deshalb ist unsere letzte Woche im Ferienlager nun angebrochen. (kausal)

Gestern Abend haben wir bis spät in die Nacht am Lagerfeuer gesessen, ____________ haben wir heute Morgen alle lange geschlafen. (____________)

Leider hat heute Morgen Maries Wecker nicht geklingelt, ____________ hat sie verschlafen und es nicht geschafft, beim Bäcker Brötchen zu holen. (____________)

In der nächsten Woche ist hier ein Konzert meiner Lieblingsband, ____________ müssen wir leider nach Hause fahren.

(________)

Vorige Woche haben wir selbst einen Backofen gebaut, ____________ haben wir einen großen Metalleimer über einer Feuerstelle in die Erde eingelassen. (____________)

Ich habe Spaß im Ferienlager, ____________ freue ich mich auch auf mein Zuhause. (____________)

Die Zeitenfolge im Satzgefüge

Die **Zeitform des Verbs im Nebensatz** drückt aus, in welcher zeitlichen Relation der Nebensatz zum Hauptsatz steht. Dabei unterscheidet man zwischen

- Gleichzeitigkeit,
- Vorzeitigkeit und
- Nachzeitigkeit.

Gleichzeitigkeit: *Noch während die Zuschauer jubeln, pfeift der Schiedsrichter das Spiel ab.*
Vorzeitigkeit: *Ich kam zu spät zur Schule, weil ich meinen Bus verpasst hatte.*
Nachzeitigkeit: *Ich werde das Buch zu Ende lesen, bevor die Ferien anfangen.*

11 **Formuliere die folgenden Sätze so um, dass aus den farbig hervorgehobenen Satzgliedern ein Nebensatz wird.**

a) Wir erinnerten uns der schon gesehenen Filme.

Wir erinnerten uns, welche Filme wir schon gesehen hatten.

b) Er möchte unsere Hilfe nicht.

____

____

c) Zur Klärung der Streitfrage führten wir eine Diskussion.

____

____

d) Nach dem Essen tranken wir Tee.

____

____

e) Wir sprachen von den Erlebnissen der letzten Tage.

____

____

Satzgefüge untersuchen und konstruieren

Beim Konstruieren von Satzgefügen ist Folgendes zu beachten:

- **Nebensätze** können innerhalb des Satzgefüges an **unterschiedlichen Stellen** stehen: sowohl vor als auch nach dem Hauptsatz oder in diesen eingeschoben.
- Von einem Hauptsatz können **mehrere Nebensätze** abhängen.
- Von einem Nebensatz (Nebensatz 1. Grades), der selbst von einem Hauptsatz abhängt, kann wiederum ein Nebensatz (Nebensatz 2. Grades) abhängen.

Das Kino war bereits voll (HS), sodass alle Leute (NS 1. Grades, Teil I), die noch draußen warteten (NS 2. Grades), keinen Platz mehr bekamen (NS 1. Grades, Teil II).

12 **Stelle jeden Satz zweimal um, sodass der Nebensatz jeweils an einer anderen Stelle steht.**

a) Ich kam zu spät zur Schule, weil ich den Zug verpasst hatte.

____

____

____

____

b) Während die Mutter sein Zimmer putzte, las Tom in aller Ruhe ein Buch.

____

____

____

____

13 **Bestimme den Hauptsatz sowie die Nebensätze ersten und zweiten Grades wie im Beispiel.**

HS / NS 1. Grades

a) Der Zug hatte fast eine halbe Stunde Verspätung, | sodass alle Leute, die mit dem Zug zur Arbeit fahren, | zu spät kamen.

NS 2. Grades / NS 1. Grades (Forts.)

b) Heute Morgen, bevor ich zur Schule ging, öffnete ich das Fenster, das zur Straße zeigt.

c) Gestern Abend, als ich mein Abendbrot, das meine Mutter mir gerichtet hatte, aß, klingelte es an der Tür.

14 **Bilde aus den Teilsätzen drei ganze Sätze. Verwende dabei alle Teilsätze und beachte, dass von einem Hauptsatz auch mehrere Nebensätze abhängen können. Benutze dein Übungsheft. Kennzeichne die Haupt- und Nebensätze.**

das du mir geschenkt hast,

als wir in der Stadt waren,

weil sie im Sonderangebot war.

Er verpasste den Zug,

weil er es seit Wochen nicht mehr gebraucht hatte.

die wir gestern gekauft haben,

Das Kleid,

sodass er mit dem Rad fahren musste,

weil es so schön war.

Nun sind wir froh über die Taschenlampe,

das noch im Keller stand,

habe ich sofort angezogen,

15 **Erweitere die Hauptsätze des Witzes, indem du die vorgegebenen Nebensätze und Einschübe passend einfügst.**

der unser Klassenclown war – die Julia zuvor noch gewischt hatte – während Jakob in aller Ruhe sein Pausenbrot auspackte – der ein rotes Jackett trug – obwohl er wusste, dass es den Lehrer ärgern würde

Der Deutschlehrer, ______________________________,

schrieb das Aufsatzthema an die Tafel, ______________________________

______________________________, ______________________________

______________________________. Es lautete

kurz und präzise: „Unser Hund". Ebenso kurz und präzise behandelte

Lennard, ______________________________, das Thema,

____

______________________________: „Unser Hund. Wir haben keinen."

16 **Bilde komplexe Satzgefüge, indem du zu jedem Hauptsatz des Witzes mindestens zwei Nebensätze findest. Schreibe den erweiterten Witz in dein Übungsheft.**

Florian erzählt in der Schule, er habe am Morgen vier tote Fliegen in der Wohnung gefunden: zwei männliche und zwei weibliche. Der Lehrer betrachtet ihn skeptisch. „Woher willst du denn wissen, dass es weibliche und männliche waren?" Da antwortet Florian: „Na, zwei klebten am Schnapsglas und zwei am Spiegel."

4.4 Nebensätze unterscheiden

Relativsätze

Ein **Relativsatz** ist ein Nebensatz, der durch ein **Relativpronomen** *(der, die, das)* eingeleitet wird. Die Personalform des Verbs steht wie in allen Nebensätzen an letzter Satzgliedstelle.
Das Leben der Wale ist ein Thema, ***das*** *mich ganz besonders interessiert.*

Vor dem **Relativpronomen** (↑ S. 55) kann auch eine **Präposition** stehen.
In vielen Städten gibt es eine gut sortierte Stadtbücherei, ***in*** *der man Sachbücher, Romane und andere Medien ausleihen kann.*

Relativsätze werden immer mit Komma vom übergeordneten Satz abgetrennt.
Am besten gefallen ihr die Krimis, bei denen sie mitraten kann.

17 **Setze in den Satzgefügen die richtigen Relativpronomen ein. Achtung: Manchmal fehlt auch noch eine Präposition!**

a) Auf dem Markt, _________ jede Woche stattfindet, kann man immer frische und qualitativ hochwertige Waren kaufen.

b) Viele Kundinnen und Kunden, _________ sonst nur im Supermarkt einkaufen, schätzen auch die gute und freundliche Beratung der Marktleute.

c) Am besten kommen diejenigen Verkäuferinnen und Verkäufer an, _________ zu ihren Waren auch noch ein paar Zubereitungstipps anbieten.

d) Das Gemüse, _________ auf dem Markt angeboten wird, ist immer frisch.

e) Es gibt auch noch einen Stand, _______________ man leckeren Backfisch kaufen kann.

f) Auch eine Bude, ________________ im Sommer Bier und Limonade und im Winter Glühwein und Kaffee angeboten werden, befindet sich dort.

18 **Wandle die Satzreihen in Satzgefüge mit Relativsätzen um. Schreibe in dein Übungsheft.**

a) Die Marktleute stehen sehr früh auf. Sie müssen schon morgens um 5 Uhr zum Großmarkt.

b) Die Verkäuferinnen und Verkäufer haben einen anstrengenden Beruf. Sie stehen bei Wind und Wetter an ihren Marktständen.

c) Herr Schmoll geht immer erst kurz vor Schluss auf den Markt, weil er die Waren dann billiger bekommt. Er will Geld sparen.

d) Frau Krause ist besonders gesundheitsbewusst. Sie kauft immer nur beim Biobauern.

e) Für manche ist der Einkauf auf dem Markt auch eine willkommene Gelegenheit zu einem Schwätzchen. Sie treffen dort Bekannte.

19 **Wandle die farbig hervorgehobenen Wendungen in Relativsätze um.**

a) Viele Kunden bevorzugen Waren aus ihrer Region.

____

____

b) Eine besondere Delikatesse ist der Bornheimer Spargel.

____

____

c) Herr Schmoll, der Koch vom Rheinischen Hof, erfindet immer wieder neue Spargelrezepte.

____

d) Damit erfreut er seine sehr anspruchsvollen Gäste.

____

____

Indirekte Fragesätze

Ein **indirekter Fragesatz** wird durch die gleichen Fragepronomen eingeleitet wie der direkte Fragsatz. Zu den Fragepronomen gehören *was, wann, wer, warum*.
Der indirekte Fragesatz kann eine **Entscheidungsfrage** oder eine **Ergänzungsfrage** sein (↑ S. 104). Eine indirekte Entscheidungsfrage wird durch die unterordnende Konjunktion *ob* eingeleitet.
Der indirekte Fragesatz kann die Stelle eines **Subjekt-** oder eines **Objektsatzes** einnehmen (↑ S. 122).

20 **Wandle die direkten Fragen in indirekte Fragen um. Schreibe in dein Übungsheft und achte auf die Zeichensetzung.**

a) Maja: „Wie komme ich von der Fußgängerzone zum Bahnhof?"
b) Lara zur Mutter: „Kannst du mir Geld für die Fahrkarte geben?"
c) Jan: „Fährt heute noch ein Zug nach Düsseldorf?"
d) Paul: „Auf welchem Gleis fährt die Bahn nach Gera?"
e) Max: „Wo ist denn der Fahrkartenautomat?"
f) Lena: „Habe ich auch genug Kleingeld für das Ticket?"

21 **Bilde aus den folgenden Sätzen Satzgefüge mit indirekten Fragen. Schreibe in dein Übungsheft.**

a) Yannik erkundigt sich nach der Abfahrtszeit des Zuges.
b) Tim will die Dauer der Bahnfahrt herausfinden.
c) Laura interessiert sich für die Höchstgeschwindigkeit des Zuges.
d) David fragt nach der genauen Tätigkeit eines Zugbegleiters.
e) Niklas möchte etwas über die Ausbildung eines Lokführers wissen.

Konjunktionalsätze

Konjunktionalsätze werden eingeleitet durch eine unterordnende Konjunktion (↑ S. 59), die Personalform des Verbs steht an letzter Satzgliedstelle. Konjunktionalsätze werden mit Komma vom übergeordneten Satz abgetrennt.
Sie kam, obwohl es noch so früh war.

22 **Setze in den folgenden Sätzen die Konjunktionen aus dem Wortspeicher ein.**

da – da – damit – obwohl – sodass – während – weil

a) Kevin verbringt seine Ferien in London, ______________ er dort Verwandte hat.

b) Sein neuer Freund Ben und er treffen sich täglich auf der Straße, ______________ sie dort Inlineskates fahren wollen.

c) ______________ seine Eltern ein für ihn langweiliges Museum besuchen, läuft er auf Inlinern durch London.

d) ______________ seine Eltern aber das Wachsfigurenkabinett auf dem Besichtigungsprogramm haben, schlägt ihm seine Oma vor mitzugehen.

e) Ben ist an diesem Tag weg, ______________ Kevin sie gerne begleitet.

f) ______________ er sich nicht viel von dem Besuch im Wachsfigurenkabinett versprochen hat, ist er am Abend ganz begeistert.

g) Er hat auch ein paar Fotos gemacht, ______________ er die berühmten Figuren auch seinen Klassenkameraden zeigen kann.

23 **Verbinde die folgenden Hauptsätze zu sinnvollen Satzreihen. Achte dabei auch darauf, dass man bei den Konjunktionen *und* und *oder* kein zusätzliches Komma setzen muss. Bei den Konjunktionen *aber*, *jedoch* und *sondern* muss man jedoch zusätzlich ein Komma setzen.**

Ich fahre nur ins Sauerland.

Sie fanden meine Entscheidung gut.

Sie schwärmt allen von den Zitronenbäumen im Garten vor.

Die gemeinsamen Ferien mit meiner Jugendgruppe fand ich dann doch attraktiver.

In den Herbstferien fahre ich mit meiner Jugendgruppe weg.

Wir unternehmen tolle Ausflüge.

Mit meinen Eltern gab es gar keinen Streit.

Wir haben immer viel Spaß miteinander.

Ich hatte kurz überlegt, auch mit in den Süden zu reisen.

Sie freut sich schon auf den alten Bauernhof dort.

Dafür muss ich auch nicht so eine lange Anreise in Kauf nehmen.

Meine Schwester reist mit meinen Eltern in die Toskana.

Infinitivsätze

Manche Gliedsätze kannst du verkürzen, indem du den Infinitiv des Verbs mit *zu* verwendest.
Der **Infinitivsatz** kann die Stelle eines

- Subjektsatzes,
- Objektsatzes oder
- Adverbialsatzes

einnehmen (↑ S. 125).

Infinitivsätze, die an die Stelle des Subjekts oder Objekts treten, müssen nur mit Komma vom übergeordneten Satz abgetrennt werden,

- wenn sie durch ein hinweisendes Wort angekündigt werden:
  Caroline bemüht sich schon seit Jahren ***darum,*** *ihre Leistungen zu verbessern.*
- wenn sie durch einen Rückverweis wieder aufgenommen werden:
  Auf einem großen Sportfest mal einen echten Superstar zu treffen, ***davon*** *träumt Marco schon lange.*

24 **Forme die Nebensätze um, indem du Infinitivgruppen verwendest.**

a) Du hast mir versprochen, dass du dich um diese Angelegenheit selbst kümmerst.

____

____

b) Er hatte sich doch vorgenommen, dass er einen Leserbrief schreibt, oder täusche ich mich?

____

____

c) Ich verspreche dir, dass ich diese Lügerei nicht mehr länger unterstütze.

____

____

25 **Komma oder nicht? Kreuze an, ob ein Komma gesetzt werden muss oder kann, begründe deine Entscheidung und setze das Komma im Satz.**

	Komma muss	Komma kann
a) Sie brachten drei Wochen damit zu das Spiel zu spielen.	☐	☐
Begründung: ______________________________		
b) Die Idee das Spiel zu spielen hatten sie schon lange.	☐	☐
Begründung: ______________________________		
c) Dieses Spiel zu spielen das war seit Langem ihr Wunsch.	☐	☐
Begründung: ______________________________		
d) Sie versuchten das Spiel zu spielen.	☐	☐
Begründung: ______________________________		

Partizipialsätze

Ein **Partizipialsatz** wird mit einem Partizip I oder einem Partizip II (↑ S. 17) gebildet.
Auf einen Sieg hoffend, drückte sie ihrer Mannschaft die Daumen.
Gerade angekommen, musste er schon wieder los.

Der Partizipialsatz bezieht sich auf das Subjekt des Hauptsatzes. Meistens wird das Partizip erweitert.

26 **Forme die hervorgehobene Partizipgruppe in einen Nebensatz mit Personalform um.**

a) Durch die Redegewandtheit des Verkäufers überrumpelt, kauft er ein viel zu teures Fahrrad.

____

____

b) Aus dem Kaufrausch erwacht, versucht Herr Klein seinen Kauf rückgängig zu machen.

____

____

c) Frau Klein, kein Verständnis für den teuren Kauf habend, schimpft mit ihrem Mann.

____

____

d) Durch den Streit mit seiner Frau angespornt, kehrt der Mann wütend in den Laden zurück.

____

____

Subjektsatz und Objektsatz (Inhaltssätze)

Gliedsätze können in einem Satzgefüge auch die Funktion des Subjekts oder Objekts einnehmen. Man nennt sie dann **Subjektsätze** oder **Objektsätze.**

Subjektsatz: *Dass Pia ihre ärgste Konkurrentin so deutlich schlagen konnte, bereitet ihr große Freude. Wer oder was bereitet ihr große Freude?*
Objektsatz: *Pia fragt sich, ob sie auch bei den Landesmeisterschaften so erfolgreich sein wird. (Wen oder) was fragt sie sich?*

Subjekt- und Objektsätze geben an, was jemand sagt, denkt, erfahren hat, empfindet, beabsichtigt usw. Man nennt sie deshalb auch **Inhaltssätze.** Sie treten im Wesentlichen in drei unterschiedlichen Formen auf:

- als **Konjunktionalsätze,** eingeleitet mit der Konjunktion *dass* (dass-Sätze) (↑ S. 117),
- als **indirekte Fragesätze,** eingeleitet mit einem Fragewort oder mit der Konjunktion *ob* (↑ S. 116),
- als **Infinitivsätze** (↑ S. 119).

27 **Ersetze die hervorgehobenen Satzglieder durch sinngleiche Gliedsätze.**

a) Wichtig bei einem Marathonlauf ist eine gute Kondition des Sportlers.

____

b) Auch eine kluge Einteilung der Kraft ist von großer Bedeutung.

____

c) Natürlich kommt es auch auf eine gesunde Ernährung des Sportlers an.

____

d) Und schließlich geht es auch um den eisernen Willen des Sportlers.

____

28 **Bestimme, ob es sich bei den gebildeten Gliedsätzen aus Aufgabe 27 um Subjektsätze (S) oder Objektsätze (O) handelt.**

a) ___ b) ___ c) ___ d) ___

29 **Setze die fehlenden Kommas und klammere die Kommas, die stehen können, aber nicht stehen müssen, ein. Unterstreiche alle Inhaltssätze.**

(a) Jeden Abend um kurz vor acht zeigt uns der Wetterbericht im Fernsehen wie am darauffolgenden Tag das Wetter wird. (b) Durch Beobachtung und Erhebung physikalischer Daten können die Meteorologen voraussagen ob es am nächsten Tag schönes oder regnerisches Wetter geben wird. (c) Natürlich können sie nicht garantieren dass ihre Voraussagen richtig sind. (d) Wann die Wetterfronten über Deutschland hinwegziehen hängt von der Großwetterlage ab.

(e) Die Wetterdaten erhalten die Wetterstationen von den Satelliten im Weltall. (f) Daraus das Wetter exakt vorherzusagen fällt jedoch schwer. (g) Immer wieder kommt es vor dass unerwartete Entwicklungen die Berechnungen über den Haufen werfen. (h) Dass man sich sicher auf den Wetterbericht verlassen kann wünschen sich nicht nur die Leute die einen Urlaub planen. (i) Vor allem die Landwirte möchten im Sommer wissen ob sie am nächsten Tag ihr Land bewässern müssen oder ob es Regen gibt. (j) Auch kann ihnen der Wetterbericht eine Hilfe sein wenn sie sich fragen wann sie mit der Ernte beginnen sollen.

30 **Bestimme die Inhaltssätze aus Aufgabe 29 nach ihrer Funktion (Objekt-, Subjektsatz) und ihrer Form (dass-Satz, indirekter Fragesatz, Infinitivsatz).**

Satzgefüge a)

Satzgefüge b)

Satzgefüge c)

Satzgefüge d)

Satzgefüge e)

Satzgefüge f)

Satzgefüge g)

Satzgefüge h)

Satzgefüge i)

Satzgefüge j)

Adverbialsätze

Adverbiale Bestimmungen geben nähere Erläuterungen zum Ort, zur Zeit, zum Grund, zum Ziel, zur Folge, zur Art und Weise usw. eines Sachverhalts oder einer Handlung. Wenn diese näheren Erläuterungen ein Prädikat enthalten, werden sie satzwertig, also **Adverbialsätze.**
Man unterscheidet:

- **Temporalsätze** (Zeit: *als, bis, nachdem, während*): *Als das Rennen gestartet werden sollte, ging gerade ein kräftiges Gewitter nieder.*
- **Kausalsätze** (Grund: *weil, da*): *Weil der Rennleiter die Verantwortung nicht übernehmen konnte, brach er die Startvorbereitungen ab.*
- **Konditionalsätze** (Bedingung: *wenn, falls*): *Wenn das Wetter morgen mitspielt, soll das Rennen morgen wiederholt werden.*
- **Finalsätze** (Ziel/Zweck: *damit, dass*): *Damit die Meisterschaft fortgeführt werden kann, muss das Rennen an diesem Wochenende stattfinden.*
- **Konsekutivsätze** (Folge: *sodass*): *Die Eintrittskarten bleiben gültig, sodass beim Wiederholungsrennen mit über 80 000 Zuschauern gerechnet wird.*
- **Modalsätze** (Art und Weise: *indem*): *Die Veranstalter besänftigten das Publikum, indem sie Getränke spendierten.*
- **Konzessivsätze** (Einräumung: *obwohl*): *Obwohl es nicht regnete, fiel das Fest aus.*
- **Adversativsätze** (Gegenüberstellung von Aussagen: *wohingegen*): *Ich muss trainieren, wohingegen du feiern gehst.*
- **Lokalsätze** (Ort/Richtung: *wo*): *Wir feiern dort, wo der Grillplatz ist.*

31 **Wandle die farbig hervorgehobenen adverbialen Bestimmungen in Adverbialsätze um, achte auf die Zeichensetzung. Benutze dein Übungsheft.**

a) Wegen des wechselhaften Wetters müssen die Mechaniker die Reifen besonders sorgfältig auswählen.
b) Bei Sonnenschein und großer Hitze sind andere Reifen auszuwählen als bei leichtem Nieselregen.
c) Die endgültige Entscheidung wird meist erst nach dem ausgiebigen Studium der Wettervorhersage getroffen.
d) Wegen ihrer großen Erfahrung können die Mechaniker aber viele Entwicklungen schon vorhersehen und rechtzeitig entscheiden.

32 **Bringe die Zusammenfassung des Mutterschutzgesetzes in einen Gesetzestext, indem du Konditionalsätze verwendest. Die vorgegebenen Satzanfänge helfen dir dabei.**

Mutterschutzgesetz
Alle Frauen, die in einem Arbeitsverhältnis stehen, genießen während der Schwangerschaft und nach der Geburt einen besonderen Schutz. [...]
Die Mutterschutzfrist beginnt grundsätzlich sechs Wochen vor dem berechneten Geburtstermin und endet regulär acht Wochen, bei medizinischen Frühgeburten und Mehrlingsgeburten zwölf Wochen nach der Entbindung. Bei medizinischen Frühgeburten, also in der Regel bei einem Geburtsgewicht von unter 2500 Gramm, [...] verlängert sich die Mutterschutzfrist nach der Geburt um die Tage, die vor der Entbindung nicht in Anspruch genommen werden konnten. [...]
Weitere wichtige Bestimmungen des Mutterschutzgesetzes sind, dass im Falle eines Beschäftigungsverbotes die werdende Mutter ihren bisherigen Durchschnittsverdienst (Mutterschutzlohn) behält.

Frauen genießen während der Schwangerschaft und nach der Geburt einen besonderen Schutz, ______________________________

____

______________________________.

Der Mutterschutz beginnt grundsätzlich sechs Wochen vor dem berechneten Geburtstermin und endet regulär acht Wochen nach der Entbindung. ______________________________

____

handelt, endet die Mutterschutzfrist zwölf Wochen nach der Entbindung.

Die Mutterschutzfrist verlängert sich nach der Geburt um die Tage, die vor der Entbindung nicht in Anspruch genommen werden konnten, ____

____

____.

Die werdende Mutter behält ihren bisherigen Durchschnittsverdienst (Mutterschutzlohn), ____

____

____.

33 **Um welche Art von Adverbialsatz handelt es sich jeweils?**

a) Weil unser Sohn krank wurde, konnten wir nicht in Urlaub fahren.

____

b) Er schlief sehr schlecht, sodass er sich am nächsten Morgen in der Schule nicht konzentrieren konnte.

____

c) Ich muss am Wochenende arbeiten, wohingegen du feiern gehen kannst.

____

d) Bevor wir zu Oma fuhren, kam eine Staumeldung im Radio.

____

Attributsätze

Attribute geben nähere Erläuterungen zu einem Substantiv, Pronomen oder Adjektiv. Enthält die nähere Erläuterung ein Prädikat, so wird sie satzwertig, ein **Attributsatz.**
Die meisten Attributsätze sind Relativsätze.

34 **Markiere durch Pfeile, auf welche Wörter sich die farbig hervorgehobenen Attribute beziehen.**

Auf der großen Automobilausstellung wurde einem begeisterten Publikum ein neuer Geländewagen vorgestellt. Die äußere Form des Wagens ist im Vergleich zum Vorgängermodell weitgehend unverändert. Aber seine Innenausstattung und die Fahreigenschaften des Geländewagens konnten jetzt deutlich verbessert werden.

35 **Wandle in den folgenden Sätzen die hervorgehobenen Attribute in Attributsätze (Relativsätze) um. Benutze dazu dein Übungsheft und achte auf die Zeichensetzung.**

a) Der diensthabende Streckenposten muss sehr konzentriert sein.
b) Die Aufschrift auf dem Auto wirbt für eine Bekleidungsfirma.
c) Am Ende des Rennens wird überprüft, ob das Auto des Siegers den Regeln entspricht.
d) Der siegreiche Motorsportler wird mit einem Pokal und einer großen Flasche Champagner geehrt.

Apposition

Eine spezielle Form des Attributs (Beifügung zu einem Substantiv) ist die **Apposition.** Sie besteht im Wesentlichen aus einem Substantiv und steht im gleichen Kasus (Fall) wie das Bezugswort.
In der Regel ist sie diesem nachgestellt und wird durch Kommas, Klammern oder Gedankenstriche vom Satz getrennt.
Frau Brunner, meine Nachbarin, gießt während des Urlaubs meine Blumen. Sie (eine sehr gewissenhafte Frau) holt auch pünktlich meine Post herein und kümmert sich um meinen Kater. Nur mit unserer anderen Nachbarin – Frau Holle – kommt sie nicht klar.

36 **Unterstreiche die Appositionen.**

Herr Mertert, der Besitzer des Bauernhofs, begrüßt die Gäste aus Berlin. Sie sind begeistert von dem Anwesen, einem Fachwerkgebäude aus dem 18. Jahrhundert. Sofort will Lea, die Tochter der Familie, die Ställe besichtigen. Ihr Vater, ein sehr kräftiger Mann, beginnt gleich, die schweren Gepäckstücke ins Gästezimmer, eine gemütliche Kammer unter dem Dach, zu tragen.

37 **Setze den Text fort und verwende dabei mindestens drei Appositionen.**

____

____

____

____

____

____

____

Nebensätze unterscheiden

Die Nebensätze lassen sich einteilen

- nach der **Art der Verknüpfung** des Nebensatzes mit dem Hauptsatz: Relativsatz, Konjunktionalsatz, indirekter Fragesatz, Infinitivsatz und Partizipialsatz,
- nach den **verschiedenen Satzteilen,** die sie vertreten können: Subjektsatz, Objektsatz, Adverbialsatz, Attributsatz; man nennt sie auch **Gliedsätze.**

38 **Kennzeichne die Haupt- und die Gliedsätze. Erfrage jeweils den Gliedsatz und schreibe dann dazu, um welche Art von Gliedsatz es sich handelt.**

a) Dass alle da sind, ist offensichtlich.

Frage: Was ist offensichtlich? (Subjektsatz)

b) Er kann nicht glauben, dass er die Prüfung bestanden hat.

Frage: ______________________________

c) Nachdem wir das Spiel gespielt hatten, mussten wir leider nach Hause.

Frage: ______________________________

d) Wer mich liebt, den liebe ich auch.

Frage: ______________________________

39 **Unterscheide die Sätze aus Aufgabe 38 nach der Art der Verknüpfung.**

a) ______________________________

b) ______________________________

c) ______________________________

d) ______________________________

40 **Wandle die farbig hervorgehobenen Satzglieder in Gliedsätze um. Bestimme die Gliedsätze genauer.**

a) Zur Erholung und Entspannung treiben viele Menschen Sport.

→ Um sich zu erholen und zu entspannen, treiben viele Menschen Sport. (Infinitivsatz, Finalsatz)

b) Durch diese sportliche Betätigung tun sie auch etwas für ihre Gesundheit.

c) Für große Erfolge trainieren sie mehrmals pro Woche.

d) Wegen eines groben Foulspiels bekam ein Spieler die rote Karte.

41 **Ersetze die hervorgehobenen Satzglieder durch Subjekt- oder Objektsätze.**

a) Marie fragt ihren Lehrer nach dem Sinn von Klassenarbeiten.

____

____

b) Die fleißige Übung der grammatischen Grundbegriffe hat Paul eine Zwei in der Lateinarbeit eingebracht.

____

____

c) Jan plant eine bessere Vorbereitung auf die nächste Klassenarbeit.

____

____

d) Elsa freut sich über die Zwei in der Klassenarbeit.

____

____

e) Die Klasse entscheidet sich für eine Fahrt nach Berlin.

____

____

42 **Unterstreiche alle Inhaltssätze und bestimme sie nach Funktion und Form.**

a) Die meisten Bürgerinnen und Bürger wundern sich darüber, dass die Jugendlichen die Freizeitangebote der Stadt nicht gerne besuchen.

→ Objektsatz, dass-Satz

b) Die Bürgerinnen und Bürger sind erstaunt, dass Jugendzentren oft schlecht besucht sind.

____

c) In einer Untersuchung stellten Forscher nun fest, warum gerade die Jugendzentren auf Ablehnung stoßen.

____

d) Dass die Jugendlichen dort nicht unbeobachtet von Erwachsenen ihrem Freizeitvergnügen nachgehen können, ist die Meinung von vielen der Befragten.

____

e) Dass es selbstverwaltete Jugendhäuser gibt, war vielen nicht bekannt.

____

f) Die meisten der befragten Jugendlichen wollten wissen, ob es ein solches Jugendhaus auch in ihrer Nähe gibt.

____

5 Grammatik und Stil

5.1 Grundsätzliches

Denotation und Konnotation

Unter **Denotation** versteht man die Bedeutung eines Wortes im engeren Sinn, d. h. die **Hauptbedeutung.**

Die **Konnotation** hingegen ist die **zusätzliche Nebenbedeutung** eines Wortes. Hierzu zählen Vorstellungen, Einstellungen und Werte, die damit verbunden werden.

Beispiel: Herz
Denotation: *Das Herz ist ein Muskel, der uns am Leben hält.*
Konnotation: *Mit dem Wort „Herz“ verbindet man Liebe, Romantik, Geborgenheit und Wärme.*

1 **Notiere zu jedem Wort sowohl Denotation als auch Konnotation.**

	Denotation	Konnotation
Mond		
Rose		
Wende		
Sommer		
Arzt		
Mallorca		

5.2 Substantivierung

Substantivierung

Substantivierungen (Nominalisierungen) sind Wörter, die als Substantiv gebraucht werden, auch wenn sie ursprünglich zu einer anderen Wortart gehören. Man schreibt sie immer groß.
Erkennen kann man Substantivierungen meist an einem der folgenden **Merkmale:**

- ein Artikel oder ein Pronomen geht voraus *(das / sein Singen),*
- ein Attribut ist vorangestellt oder nachgestellt *(lautes Singen),*
- eine Präposition geht voraus *(im Allgemeinen),*
- die Substantivierung wird als Subjekt oder Objekt im Satz verwendet.

2 **Woran erkennst du die Substantivierung jeweils? Unterstreiche die Merkmale.**

a) Deine Neue ist wohl eher schüchtern, oder?

b) Es war viel Schönes und wenig Hässliches dabei.

c) Beim Schütteln fielen die Früchte.

d) Über das Gesagte hat sie sich sehr geärgert.

e) Ist es ein Er oder eine Sie?

f) Überrasche sie doch einmal mit etwas Gekochtem!

g) Nach langem Für und Wider haben wir uns schließlich so entschieden.

Substantivierte Verben, Adjektive und Partizipien

Substantivierte Verben sind als Substantiv gebrauchte Verben. Auch zusammengesetzte Verben können substantiviert werden *(das Radfahren).*

Substantivierten Adjektiven und Partizipien geht häufig ein Artikel voraus. Sie werden auch immer dann zu Substantiven, wenn sie auf unbestimmte Mengenangaben folgen.

Prinzipiell können Wörter aller Wortarten substantiviert werden, also auch Pronomen, Adverbien, Präpositionen, Konjunktionen oder Interjektionen.

Achtung: Adjektive, die sich auf ein Nomen beziehen, das an einer anderen Stelle im Satz steht, werden kleingeschrieben. In diesem Fall musst du dir das Substantiv dazudenken.
Heute sind viele starke Männer anwesend, doch der stärkste (Mann) wird gewinnen.

3 Unterstreiche die Substantivierungen. Schreibe darunter, welche Wortart jeweils substantiviert wurde.

a) Im Großen und Ganzen ist alles in Ordnung.

____

b) Unter dem Weihnachtsbaum liegt viel Gebasteltes.

____

c) Das hält mich am Laufen.

____

d) Ich sehe leider wenig Gutes, aber viel Schlechtes.

____

e) Mein Suchen war nicht von Erfolg gekrönt.

____

f) Das Auf und Ab nahm ihn sehr mit.

____

4 **Formuliere die Sätze um, indem du die farbig markierten Wörter substantivierst. Die Satzanfänge helfen dir dabei.**

a) Sie zweifelte, ob sie die Prüfung bestanden hat.

Zweifel am Bestehen ______________________________

____

b) Er fürchtet sich sehr davor, die Wahrheit zu gestehen.

Die Furcht ______________________________

____

c) Er hat sich sehr darauf gefreut, mit ihr den Urlaub zu verbringen.

Seine ______________________________

____

d) Sie dankte ihm dafür, dass er ihr geholfen hatte.

Das war ______________________________

____

e) Er hat sich dafür entschieden, nach Amerika zu reisen.

Er traf ______________________________

____

f) Der Bürgermeister ist verärgert, dass seine Gäste sich verspäten.

Beim Bürgermeister herrscht ______________________________

____

g) Kindern unter sechs Jahren ist es nur gestattet, Filmveranstaltungen zu besuchen, wenn ein Erwachsener sie begleitet.

Kindern ______________________________

____

Nominalstil und Verbalstil

Unter **Nominalstil** versteht man sprachliche Äußerungen, in denen Substantivierungen (Nominalisierungen) im Vergleich zu anderen Wortarten überwiegen. Der Nominalstil ist typisch für Nachrichten, Zeitungstexte oder Fachtexte. Auch in Überschriften wird er häufig angewandt.

Unter **Verbalstil** hingegen versteht man sprachliche Äußerungen, in denen Verben überwiegen.

5 **Wandle die Substantivierungen in ihre ursprünglichen Wortarten um.**

a) Das Backen von Gebäck ist das Schönste an der Adventszeit.

Das schönste Erlebnis in der Adventszeit ist es, ______________________

____

b) Das frisch Gekochte duftet. Noch besser riecht das Gebratene aus dem Ofen.

____

____

c) Auf der Messe wurde einiges Gebasteltes und viel Gemaltes ausgestellt.

____

____

d) Aufgrund unserer Verspätung mussten wir das Dreifache des Preises bezahlen.

____

____

5.3 Den Schreibstil verbessern

Wiederholungen vermeiden

Deinen eigenen Schreibstil kannst du verbessern, indem du darauf achtest, **Wiederholungen zu vermeiden.**
Vanessa sagt: „Jetzt ist aber Schluss mit dem Unfug!" Daraufhin entgegnet Tim: „Du brauchst überhaupt nicht meinen, dass ..." Wütend ruft sie ...

6 **Erarbeite Wortfelder, um Wiederholungen zu vermeiden: Finde zu jedem der Wörter fünf weitere, die du stattdessen einsetzen könntest.**

Haus	hassen	Junge	verlieben	vorsichtig

7 **Formuliere den Text abwechslungsreicher, indem du Alternativen für das Wort *sagen* findest. Schreibe in dein Übungsheft.**

„Ich würde gerne ins Kino gehen", sagt Alex. „Ich habe heute keine Lust dazu", sagt Annika. „Ich will aber gerne den neuen James Bond sehen", sagt Alex. „Aber ich nicht!", sagt Annika. „Dann lass uns einen anderen Film anschauen", sagt Alex. „Na gut", sagt Annika. „Wie wäre es zum Beispiel mit einer Komödie?", sagt Alex. „Ich würde lieber einen Dokumentarfilm anschauen", sagt Annika. „Also, dazu habe ich nun wieder keine Lust", sagt Alex.

Fremdwörter sinnvoll verwenden

Benutze **Fremdwörter** nur, wenn sie Sachverhalte treffender ausdrücken als das deutsche Wort. Wenn du für ein Fremdwort auch ein deutsches Wort benutzen kannst, dann greife lieber zu diesem.
„Das ist nicht mein Niveau!", sagte er. (Besser als: ... *mein geistiger Stand!*) – *„Leider können wir das nicht zu unserer freien Verwendung einsetzen."* (Besser als: *„Das steht hier leider nicht zur Disposition."*)

8 **Ordne die Fremdwörter ihren Bedeutungen zu, indem du sie verbindest.**

Chiffre	persönlicher Einsatz
Persiflage	Kreislauf wiederkehrender Dinge
Zyklus	Rechtschreibung
Engagement	Kennziffer einer Zeitungsanzeige
Orthografie	den Menschen betreffend
human	Verspottung durch Übertreibung

9 **Entscheide, ob besser das Fremdwort oder das deutsche Wort benutzt werden sollte. Streiche das unpassende Wort durch.**

a) „Das ist ja eine Katastrophe / ein Unglück von großem Ausmaß!", schrie die Lehrerin entsetzt.
b) Die Schülerinnen der Tanzgruppe hatten homogene / einheitliche Kleidung an.
c) Wegen dieser Lappalie / höchst unbedeutenden Sache musst du dir nun wirklich keine Gedanken machen!
d) Fantasierst du wieder / Gibst du dich wieder deiner Einbildungskraft hin?

Nichtssagende Wörter und Umgangssprache vermeiden

- Streiche nichtssagende oder entbehrliche Wörter.
  Das war wirklich ~~ganz genau~~so, wie ich es sage!
- Vermeide umgangssprachliche Formulierungen.
  Wir waren so lange in der Stadt herumgelaufen, bis wir keinen Bock mehr hatten. Besser: *Wir liefen durch die Stadt, bis uns langweilig wurde.*

10 **Streiche in dem Text alle nichtssagenden Wörter und Formulierungen.**

Die Tanzstunde gestern war wirklich richtig toll. Zuerst hatte ich ja überhaupt keine Lust auf diese Veranstaltung. Doch nun bin ich echt unglaublich froh, dass Sonja mich dahin mitgenommen hat. Die Tanzlehrer waren tatsächlich sehr nett – Sonja hatte mir das schon erzählt – und tanzen können die! Aber das war ja nun nicht das Beste. Das Beste war nämlich, dass ich einen super, super süßen, tollen Jungen kennengelernt habe und – haltet euch fest! – dann morgen Nachmittag mit ihm ein Eis essen gehe. Die Tanzstunde hat sich für mich also so richtig gelohnt!

11 **Ersetze die umgangssprachlichen Formulierungen und schreibe den geänderten Text in dein Übungsheft.**

Der Typ war vielleicht 'ne Pleite! Ich hab's ja gewusst – in 'ner Tanzstunde lernt man halt doch keine wirklich klasse Jungs kennen. War ich doch letzten Samstag mit dem Boy ein Eis essen und – was passiert? Wir war'n gerade so mitten im Labern, latscht doch dem seine Freundin vorbei! Ich dachte, mir fallen die Glotzer raus. Seine Freundin dachte das, glaub ich, auch. Sie hat mit ihm rumgebrüllt und ich hab mich aus dem Staub gemacht. Das war vielleicht 'ne peinliche Aktion!

Abwechslungsreicher Satzbau

Bemühe dich um einen **abwechslungsreichen Satzbau.**
Wir waren fast am Ziel angekommen. Plötzlich fing es an zu regnen.
Besser:
Kurz bevor wir unser Ziel erreichten, fing es plötzlich an zu regnen.

12 **Formuliere die Sätze abwechslungsreich, indem du den Satzbau änderst.**

a) Ich schloss die Tür auf. Dann hörte ich ein Geräusch.

Nachdem ich die Tür aufgeschlossen hatte, ____________________

____

b) Ich darf keine Nudeln essen. Ich leide an einer Mehlallergie.

____

____

c) Ich lief hinter ihr her. Ich wollte ihr helfen.

____

____

d) Ich bin so müde. Ich gehe gleich schlafen.

____

____

e) Das Haus finde ich sehr schön. Es sieht aus wie ein Schloss.

____

____

f) Er fuhr nach Stuttgart. Dort traf er sich mit seinem Freund.

____

____

Einen Text überarbeiten

Am Ende des Schreibprozesses überarbeitest du deinen Text als Ganzes:

- Ist die Darstellung klar und allgemein verständlich?
- Gibt es logische Brüche oder Gedankensprünge?
- Sind die Übergänge zwischen den einzelnen Abschnitten schlüssig?
- Ist der Text grammatisch richtig?

13 **Lies den folgenden Textausschnitt. Streiche unpassende Formulierungen und markiere die Stellen mit einem senkrechten Strich, an denen Absätze wichtig sind.**

Die Commedia dell'Arte

Die Commedia dell'Arte entstand im 16. Jahrhundert, oder, um es genau zu sagen, so ungefähr 1550, in Italien. Es ist eine Stegreifkomödie, d.h., die Schauspieler haben vorher nicht extra einen Text auswendig gelernt und sagen ihn einfach daher, sondern sie improvisieren. Nur der Handlungsverlauf und die Szenenfolge sind festgelegt. Das musste auch so sein, denn sonst wäre das Ganze im Chaos versunken. Die Schauspieler waren alles Berufsschauspieler. Es gab feste Komödiantentruppen, die manchmal nach herausragenden Schauspielern hießen. Eine Truppe war immer zehn bis zwölf Mann. Frauen waren dabei auch immer Frauen. Es wurden nicht einzelne Individualitäten dargestellt, sondern immer nur feste Typen. Fürchterlich wichtig sind die Zanni, die Diener. Unter denen sind die bekanntesten der Diener Arlecchino und die Dienerin Colombina, die zwar immer ein bisschen dumm sind und für manche Verwicklung verantwortlich sind. Aber am Ende wird glücklicherweise immer alles gut. Mit der Theaterreform von Goldoni (Mitte des 18. Jahrhunderts) war es mit der Commedia dell'Arte leider vorbei. Erst das Piccolo Teatro in Mailand setzt sich seit 1947 wieder für eine Wiederbelebung der Commedia dell'Arte ein.

14 **Streiche unpassende Formulierungen und tausche unnötige Fremdwörter aus. Überlege, ob die Absätze an der richtigen Stelle sind. Schreibe den verbesserten Text in dein Übungsheft ab.**

Die Commedia dell'Arte entstand Mitte des 16. Jahrhunderts in Italien und war in ihrer Art originär. Sie präsentierte sich als Stegreifkomödie, die durch Improvisation den Text generierte.

Nur der Handlungsverlauf und die Szenenfolge waren in concreto festgelegt. Es war Usus, dass die Darsteller Berufsschauspieler waren, die ihr Angebot so präsentieren mussten, dass sie damit ihren Lebensunterhalt sichern konnten. Eine Schauspieltruppe setzte sich aus zehn bis zwölf Schauspielern zusammen. Eine für die Commedia dell'Arte charakteristische Besonderheit war, dass die Frauenrollen auch personaliter von Frauen gespielt wurden.

Bei den dargestellten Personen wurde nicht so sehr der individuelle Charakter fokussiert als vielmehr der Typus. So gab es die sogenannten Zanni, die Diener, deren Koexistenz von Sympathie und Vitalität den Typus kennzeichnete.

Die von ihnen produzierte Gemengelage konnte am Ende jedoch immer wieder auf eine Lösung hin reduziert werden. Die von Goldoni in der Mitte des 18. Jahrhunderts initiierte Theaterreform bedeutete das Ende der Commedia dell'Arte. Das Piccolo Teatro in Mailand reüssiert seit 1947 darin, die Commedia dell'Arte wiederzubeleben.

Die Bausteine unserer Sprache

Unsere Sprache besteht aus verschiedenen Bausteinen. Die kleinsten Elemente sind die Buchstaben; ihnen entsprechen meist bestimmte Laute. Aus den Buchstaben sind zunächst die einfachen Wörter zusammengesetzt. Diese einfachen Wörter können sich zu komplexen Wörtern verbinden; mehrere solcher Wörter wiederum bilden einen Satz. Sätze sind ebenso nach bestimmten Prinzipien aufgebaut und bilden zusammen mit weiteren Sätzen schließlich einen Text. Alles dies geschieht nach Regeln, die die Grammatik beschreibt. Mithilfe der Grammatik ist es dir also möglich, den Aufbau der Sprache zu verstehen.

Wie kannst du Grammatik „üben"?

Wenn du viel liest, wirst du automatisch deinen Wortschatz erweitern und die Regeln der deutschen Sprache verinnerlichen. Auch wenn du sprichst oder auf elektronischem Weg mit anderen kommunizierst, übst du das Umgehen mit der Sprache.
Mit Einzelfragen, die sicher trotzdem ab und zu auftauchen, kannst du dich in diesem Buch prima beschäftigen. Auf den folgenden Seiten stellen wir dir nach den zahlreichen Übungen überblicksartig die wichtigsten Grundsätze der Grammatik vor; außerdem erhältst du Tipps und Antworten auf einige wichtige und häufig auftretende Einzelfragen.

1 Laute und Buchstaben

Die kleinsten Bausteine der Sprache sind also Laute und Buchstaben. Laute beziehen sich auf die gesprochene Sprache, Buchstaben braucht man für die geschriebene Sprache. Im Deutschen haben wir 26 Buchstaben (Vokale und Konsonanten), dazu kommen noch die Umlaute *ä, ö* und *ü* und das *ß*.
Laute und Buchstaben entsprechen sich nicht immer: für die Buchstabenfolge *sch* gibt es einen Laut, dafür entspricht der Einzelbuchstabe *x* den zwei Lauten *ks*. Und für den langen *o*-Laut kann *o (Tor)* oder *oo (Moor)* oder *oh (Rohr)* stehen – das macht die richtige Schreibung manchmal etwas knifflig.

Ein Laut oder Buchstabe an sich hat meistens noch keine Bedeutung, aber wenn du verschiedene dieser Elemente zusammensetzt, erhältst du Silben oder Wörter mit einer Bedeutung. Indem du manche Laute beim Sprechen besonders betonst oder durch die Satzmelodie, die Tonhöhe, hervorhebst, kannst du auch die Bedeutung einer Aussage verändern. Probiere einfach aus, was sich ändert:
Beispiele:
Wir schreiben heute eine Mathearbeit.
Wir schreiben heute eine Mathearbeit?

Julia *hat den Aufsatz geschrieben.* (Und nicht Selina.)
Julia **hat** *den Aufsatz geschrieben.* (Auch wenn du es nicht glaubst.)
Julia hat den **Aufsatz** *geschrieben.* (Und Selina ein Referat gehalten.)
Julia hat den Aufsatz **geschrieben**. (Und Selina hat ihn vorgelesen.)

2 Wörter

2.1 Die Form der Wörter

Es gibt veränderbare und unveränderbare Wörter (↑ Kap. 1). Die Formveränderung von Wörtern nennt man Flexion; hierzu zählen
1. die Deklination (von Substantiven, Adjektiven, Artikeln und Pronomen),
2. die Konjugation (von Verben) und
3. die Steigerung (von Adjektiven).

Die Flexionsformen eines Wortes

- An der **deklinierten Form** erkennst du den Numerus, den Kasus und das grammatische Geschlecht.
- An der **konjugierten Form** erkennst du die Person (1. / 2. / 3. Person), die Zahl (Singular / Plural), die Zeit (Präsens, Futur, Perfekt ...), die Aussageweise (Indikativ / Konjunktiv) und die Handlungsart (Aktiv / Passiv).
- Mit der **gesteigerten Form** kannst du Vergleiche anstellen: *Das Buch ist **dick.** Das Buch ist **dicker** als dieses. Das Buch ist **das dickste** von allen.*

2.2 Der Aufbau der Wörter

Es gibt einfache Wörter *(Haus)* und komplexe Wörter aus verschiedenen Wortteilen *(Zu-haus-e, un-er-träg-lich)*. Diese Teile können sein:

- Wortstamm, z. B.: *-glaub-*
- Vorsilbe (Präfix), z. B.: *un-*
- Nachsilbe (Suffix), z. B.: *-lich*
- Flexionsendung, z. B.: *-er* → *ein* ***unglaublicher*** *Quatsch*

2.3 Die Bildung der Wörter

Jedes Wort enthält mindestens einen **Wortstamm;** wenn der Stamm allein das Wort bildet, ist das ein einfaches Wort: *Buch, dick.*
Durch Wortbildung entstehen neue Wörter; die wichtigsten Arten der Wortbildung hast du schon kennengelernt (↑ Kap. 2); für die Bildung komplexer Wörter sind das die Zusammensetzung und die Ableitung.

Tipp: Bei der **Bestimmung der Wortart** hilft dir oft der **Blick auf das Ende eines Wortes:** Bei Zusammensetzungen richtet sich die Wortart nach dem Grundwort, das hinten steht, und bei Ableitungen zeigt dir oft schon ein Suffix, um welche Wortart es sich handelt, denn die meisten Suffixe sind genau einer Wortart zugeordnet. Auch das Suffix steht am Ende eines Wortes.

Die Wortbildung des Substantivs
Zusammensetzungen, die ein Substantiv als Grundwort haben, können verschiedene Bestimmungswörter haben:

- Substantiv + Substantiv: *Tafel + Bild = Tafelbild*
- Adjektiv + Substantiv: *dick + Darm = Dickdarm*
- Verb(stamm) + Substantiv: *wisch- + Dienst = Wischdienst*
- Präposition + Substantiv: *neben + Raum = Nebenraum*

Für die Zusammensetzung benötigst du manchmal noch sogenannte **Fugenzeichen** (am häufigsten kommt das Fugen-*s* vor):

- *-s-: Armutszeugnis, Freundeskreis, Geschichtswissen*
- *-e-, -(e)n-, -er-: Badezimmer, Pausenbrot, Bilderrahmen*

EXTRA

Ableitungen erkennst du ebenfalls am besten an den Endungen; folgende **Suffixe** sind typisch für die Bildung von Substantiven:

- *-chen, -lein, -in, -er* (von Substantiven abgeleitet):
  → *Zimmer-chen, Büch-lein, Lehrer-in, Wiesbaden-er*
- *-heit, -keit, -igkeit, -e* (von Adjektiven / Partizipien abgeleitet):
  → *Dunkel-heit, Möglich-keit, Genau-igkeit, Tief-e*
- *-ung, -er* (von Verben abgeleitet):
  → *Übersetz-ung, Mal-er*

Viele Suffixe haben eine klare Bedeutung. So dienen *-chen* und *-lein* der Verkleinerung und du verstehst das Wort *Computerchen* sofort, selbst wenn du es noch nie vorher gehört hast.
Tipp: Vorsichtig sein musst du mit der **Substantivendung *-er*,** die sowohl eine **handelnde Person** als auch ein **Instrument** bezeichnen kann:
→ *Mixer* (= 1. *jemand, der mixt* oder 2. *ein Gerät zum Mixen*).

Die Wortbildung des Adjektivs
Auch Adjektive können aus verschiedenen Wörtern **zusammengesetzt** sein:

- Substantiv + Adjektiv: *Wasser + dicht = wasserdicht*
- Adjektiv + Adjektiv: *dick + flüssig = dickflüssig*
- Verb(stamm) + Adjektiv: *treff- + sicher = treffsicher*

Typische **Suffixe** für die Adjektivbildung sind:

- *-lich, -isch, -ig, -los* (von Substantiven abgeleitet):
  → *freund-lich, neid-isch, mächt-ig, erfolg-los*
- *-lich* (von Adjektiven / Partizipien abgeleitet):
  → *süß-lich, kränk-lich*
- *-bar, -lich* (von Verben abgeleitet):
  → *dreh-bar, bedroh-lich*

Die Wortbildung des Verbs
Die meisten Verben sind einfache Wörter oder sie haben Präfixe; du erkennst sie in der Grundform an der Infinitivendung *-en,* die an den Stamm tritt *(fahr-en, denk-en).* **Zusammengesetzte Verben** gibt es gar nicht so viele, und diese werden oft wieder getrennt, wenn sie konjugiert werden *(standhalten → sie hält stand),* oder man kann sie gar nicht konjugieren *(seiltanzen).*
Abgeleitete Verben entstehen entweder aus anderen Verben + *-eln (lachen → läch-eln)* oder aus Substantiven + *-ieren (Telefon → telefonieren).*

3 Sätze

3.1 Der Aufbau von Sätzen

Wörter kommen meist nicht isoliert, sondern zu Sätzen kombiniert vor, egal ob beim Sprechen oder beim Schreiben. Sätze können sehr unterschiedlich aufgebaut sein: Es können einfache Hauptsätze sein mit einem oder mehreren Satzgliedern (↑ Kap. 3) oder sie können verschiedene Nebensätze (↑ Kap. 4.2) enthalten.

Die Stellung der Satzglieder ist im Deutschen relativ frei. Fest steht nur die Stellung der Personalform des Verbs (finite Verbform, ↑ S. 17). Daher kannst du mithilfe der Satzstellung auch ein Satzglied betonen, indem du es an den Anfang stellst – oder ans Ende.

3.2 Satzglieder und Gliedsätze

Auf den Stil deines Textes kannst du durch Grammatik viel Einfluss ausüben, z. B. mithilfe der Entscheidung, ob du Satzglieder oder Gliedsätze verwendest. Die Grammatik hilft dir hier, einen **abwechslungsreichen Stil** zu finden.

Tipp: Wenn du Gliedsätze statt Satzglieder verwendest, brauchst du vor allem unterschiedliche **Konjunktionen,** mit denen du deine Haupt- und Nebensätze sinnvoll miteinander verknüpfen kannst.
Beispiele:
Zur Vermeidung von Fehlern *lerne ich Grammatik.*
→ ***Um Fehler zu vermeiden,*** *lerne ich Grammatik.*
→ ***Damit ich Fehler vermeide,*** *lerne ich Grammatik.*
Aufgrund meines Trainings *habe ich gewonnen.*
→ ***Weil ich so viel trainiert habe,*** *habe ich gewonnen.*
Trotz meines Trainings *habe ich nicht gewonnen.*
→ ***Obwohl ich so viel trainiert habe,*** *habe ich nicht gewonnen.*
Nach meinem Training *habe ich gewonnen.*
→ ***Nachdem ich so viel trainiert habe,*** *habe ich gewonnen.*
Bei weiterem Training *werde ich wieder gewinnen.*
→ ***Wenn ich weiter trainiere,*** *werde ich wieder gewinnen.*

EXTRA

3.3 Nebensätze im Überblick

Subjektsatz (Nebensatz = Subjekt: **wer** oder **was?**)	**als Infinitivsatz**	***Die Schatzkarte zu finden,*** *war meine Aufgabe.*
	als dass-Satz	***Dass das schwierig werden würde,*** *war sofort zu erkennen.*
	als indirekter Fragesatz	***Wie ich das Ziel erreichen konnte,*** *war mir nicht klar.*

Objektsatz (Nebensatz = Objekt, meist Akkusativobjekt: **wen** oder **was?**)	**als Infinitivsatz**	*Er befahl mir,* ***die Gefangenen zu befreien.***
	als dass-Satz	*Er versprach,* ***dass er mich unterstützen würde.***
	als indirekter Fragesatz	***Wie das geschehen sollte,*** *erklärte er aber nicht.*

	Art	einleitende Konjunktionen	Beispielsatz *Ich gehe ins Freibad, …*
Adverbialsatz (Nebensatz = adverbiale Bestimmung: **warum?, wann?, wie?, wozu?, mit welcher Folge?, trotz welcher Einschränkung?)**	**Kausalsatz**	*da, weil*	***weil ich mich dort mit meinen Freunden verabredet habe.***
	Temporalsatz	*als, nachdem, bis*	***nachdem ich meine Hausaufgaben erledigt habe.***
	Modalsatz	*indem, dadurch dass*	***indem ich mit dem Fahrrad in den Nachbarstadtteil fahre.***
	Finalsatz	*damit*	***damit ich mich dort richtig entspannen kann.***
	Konsekutivsatz	*dass, sodass*	***sodass ich etwas für meine Fitness tun kann.***
	Konzessivsatz	*obwohl*	***obwohl für heute Nachmittag Regen angesagt ist.***
	Konditionalsatz	*wenn, falls*	***wenn ich bis 16 Uhr die Hausaufgaben erledigt habe***
	Adversativsatz	*während, wohingegen*	***während mein Freund sein Referat vorbereiten muss.***

EXTRA

4 Schriftliche und mündliche Texte

Du hast jetzt etwas über Laute und Buchstaben, über Wörter sowie über Sätze erfahren; die nächste und auch „höchste“ Stufe der sprachlichen Kommunikation sind Texte. Wenn du einen Text verfasst, besteht dieser aus sinnvoll miteinander verknüpften Sätzen. Auch wenn du sprichst, redest du in „Texten“, denn deine Sätze sind üblicherweise logisch miteinander verknüpft und bauen aufeinander auf. Für die mündliche Kommunikation gelten allerdings teilweise andere „Regeln“ als für schriftlich verfasste Texte; eine Mittelstellung nehmen SMS und Chats ein; auch E-Mails sind oft weniger formal.

Unterschiede zwischen geschriebener und gesprochener Sprache

Weil du beim Verfassen schriftlicher Texte länger überlegen und den Aufbau besser planen kannst als beim Sprechen, haben diese meistens:

1. **mehr Nebensätze:**
   Nachdem ich gelernt hatte, war ich im Schwimmbad.
   Statt mündlich: *Erst hab ich gelernt. Dann war ich im Schwimmbad.*
2. **mehr logische Verknüpfungen:**
   Florian hat die Arbeit verpasst, weil er krank war.
   Statt mündlich: *Florian hat die Arbeit verpasst. Er war krank.*
3. **längere Sätze:**
   Das Buch, das wir besorgen sollten und das wir bis Ende der Ferien fertig gelesen haben sollen, habe ich bis auf ein paar wenige Kapitel schon durchgelesen, weil ich im Moment nicht so viel lernen muss.
4. **umfangreichere Satzglieder:**
   Die von dem Lehrer angekündigte Klassenarbeit fiel aus.
   Statt mündlich: *Die Klassenarbeit war angekündigt, aber sie fiel aus.*
   oder: *Die Klassenarbeit, die der Lehrer angekündigt hatte, fiel aus.*
5. **weniger Verkürzungen von Wörtern und Sätzen:**
   einmal, herauf, herunter, Mathematik statt: *mal, rauf, runter, Mathe*
   Das habe ich mir gedacht. Statt: *Dachte ich mir.*
6. **weniger Wiederholungen:**
   Das interessiert mich nicht; ich mag anderes.
   Statt evtl. mündlich: *Das interessiert mich nicht. Mich interessiert anderes.*

EXTRA

Häufige Fragen im Überblick („FAQs“)

1 Wortart oder Satzglied?

Wenn du Wortarten bzw. Satzglieder bestimmen sollst, musst du dir vorher gut überlegen, was genau gesucht ist:

- Bei der **Wortart** geht es wirklich nur um das Wort selbst und nicht um seine Funktion in einem bestimmten Kontext; ein Wort ändert nie die Wortart.
- Ein **Satzglied** kannst du nur in einem konkreten Satz bestimmen; das gleiche Wort kann im nächsten Satz ein anderes Satzglied sein.

Wortarten

Adverb	**Verb**	**Pronomen**	**Präposition**	**Artikel**	**Substantiv**
Gestern	ging	ich	wegen	der	Sonne
Adjektiv	**Präp. + Art.**	**Substantiv**	**Präposition**	**Artikel**	**Substantiv**
fröhlich	zum	Eisessen	in	die	Stadt.

Satzglieder

Adverbiale Bestimmung	**Prädikat**	**Subjekt**	**Adverbiale Bestimmung**
Gestern	ging	ich	wegen der Sonne
Adverbiale Bestimmung	**Adverbiale Bestimmung**		**Präpositionalobjekt**
fröhlich	zum Eisessen		in die Stadt.

Tipp: Das **Prädikat** (↑ Kap. 3.2) – gebildet aus Wörtern der **Wortart Verb** – wird in der Regel zu den Satzgliedern gezählt, obwohl es die Umstellprobe nicht besteht: Es steht in Hauptsätzen oder Ergänzungsfragen zum Beispiel immer an zweiter Satzgliedstelle!

*Gestern | **ging** | ich | in die Stadt. Ich | **ging** | gestern | in die Stadt.*

*In die Stadt | **ging** | ich | gestern. Wohin | **ging** | ich | gestern?*

EXTRA

2 Adverb oder adverbiale Bestimmung?

Es ist ein großer Unterschied, ob du nach einer Wortart oder einem Satzglied suchst. Besonders knifflig kann es werden, wenn Satzglieder so ähnlich heißen wie manche Wortarten. Das gilt besonders für die adverbiale Bestimmung (↑ Kap. 3.2) und das Adverb (↑ Kap. 1.6); hier musst du genau unterscheiden!

Adverbiale Bestimmung

Die **adverbiale Bestimmung** ist ein **Satzglied,** das nähere Angaben etwa zum Ort, zur Zeit, zum Grund oder zur Art und Weise macht. Die adverbiale Bestimmung kann aus einem oder aus mehreren Wörtern verschiedener Wortarten bestehen, also nicht nur aus Adverbien!

Adverb

Das **Adverb** bezeichnet die **Wortart.** Das Adverb gehört zu den unflektierbaren Wortarten, das heißt, es kann nicht gebeugt werden (im Gegensatz zum Beispiel zum Adjektiv); daran kannst du es gut erkennen, denn es verändert seine Form nie: *bald, barfuß, darum, draußen, normalerweise, notfalls.*

Im folgenden Beispielsatz sind die adverbialen Bestimmungen fett gedruckt. Wenn du aber die **Wortart** bestimmen sollst, merkst du, dass hiervon nur *einstmals* ein **Adverb** ist.
Beispiel:
*„**Einstmals** wanderte Till Eulenspiegel **nach Bayreuth**, wo er **zur Mittagszeit hungrig in eine Gaststätte** einkehrte."*

In diesem Beispiel ist *hungrig* **als Satzglied eine adverbiale Bestimmung,** denn du fragst: *„**Wie** kehrte Till Eulenspiegel in eine Gaststätte ein?"*
Trotzdem gehört *hungrig* zur **Wortart der Adjektive,** denn es könnte verändert werden: *„der **hungrige** Till Eulenspiegel"*.
Oder die adverbiale Bestimmung *zur Mittagszeit* besteht aus Wörtern der Wortarten Präposition + Artikel *(zur)* und Substantiv *(Mittagszeit).*

EXTRA

3 Welche Präposition verlangt welchen Kasus?

Manchmal ist es selbst für Muttersprachler schwer zu entscheiden, welcher Kasus nach einer bestimmten Präposition stehen muss. Hier findest du eine Übersicht der wichtigsten Präpositionen mit ihren Kasus und Beispielen.

3.1 „Normale" Fälle

Die meisten Präpositionen verlangen ganz klar einen bestimmten Kasus, den man sich dazu merken muss. Am besten lernst du die Präposition gleich mit einem Beispielwort im richtigen Fall.

Präposition	Kasus	Beispiel
abseits	Genitiv	*Abseits des Trubels ist es schöner.*
abzüglich	Genitiv	*Zu zahlen abzüglich der Getränke.*
aufgrund	Genitiv	*Aufgrund heftiger Proteste kam sie zu spät.*
aus	Dativ	*Sie kommt aus der Schule.*
außer	Dativ	*Alle außer ihm haben zugesagt.*
bei	Dativ	*Bei dir ist es am schönsten.*
bis	Akkusativ	*Bis nächsten Samstag.*
durch	Akkusativ	*Sie kommt durch die Tür.*
einschließlich	Genitiv	*Das gilt einschließlich der Getränke.*
für	Akkusativ	*Für mich ist das einfach.*
gegen	Akkusativ	*Gegen dich habe ich keine Chance.*
mit	Dativ	*Mit dir wird das schon klappen.*
ohne	Akkusativ	*Ohne dich gehen wir unter.*
trotz	Genitiv	*Ich komme trotz der Hindernisse.*
während	Genitiv	*Während der Jahre gewöhnte er sich daran.*
wegen	Genitiv	*Das Rennen fällt wegen starker Regenfälle aus.*

3.2 Sonderfälle beim Genitiv

Beim Genitiv ist das manchmal etwas kniffliger. Wenn der Genitiv nach einer Präposition **nicht erkennbar** ist, weil das Substantiv z. B. im Plural steht (Genitiv = Nominativ) oder **ohne Artikel oder Adjektiv,** weicht man in der Regel auf den **Dativ** aus, teilweise kommt auch ein „von" dazu.

Präposition	Genitiv erkennbar	Dativ als Ersatz
abseits	*abseits* ***des*** *Trubels u. Lärms*	*abseits von Trubel und Lärm*
abzüglich	*abzüglich* ***der*** *Getränke*	*abzüglich Getränken*
aufgrund	*aufgrund* ***heftiger*** *Proteste*	*aufgrund von Protesten*
einschließlich	*einschließlich* ***der*** *Getränke*	*einschließlich Getränken*
mangels	*mangels* ***geeigneter*** *Räume*	*mangels Räumen*
trotz	*trotz* ***der*** *Hindernisse*	*trotz Hindernissen*
während	*während* ***aller*** *Schuljahre*	*während fünf Schuljahren*
wegen	*wegen* ***starker*** *Regenfälle*	*wegen Regenfällen*

3.3 Wechselpräpositionen

Manche Präpositionen können mit Dativ oder mit Akkusativ stehen, je nachdem, ob du nach dem **Ort** („wo?" → Dativ) oder nach der **Richtung** („wohin?" → Akkusativ) fragen kannst.

Präposition	Kasus	Beispiel	Fragewort
an	Dativ	*Es steht an der Tafel.*	(Wo?)
	Akkusativ	*Sie schreibt es an die Tafel.*	(Wohin?)
auf	Dativ	*Das Buch liegt auf dem Tisch.*	(Wo?)
	Akkusativ	*Er legt das Buch auf den Tisch.*	(Wohin?)
hinter	Dativ	*Sie steht hinter der Tür.*	(Wo?)
	Akkusativ	*Sie geht hinter die Tür.*	(Wohin?)
in	Dativ	*Er ist in dem Zimmer.*	(Wo?)
	Akkusativ	*Er kommt in das Zimmer.*	(Wohin?)
neben	Dativ	*Sie steht neben ihm.*	(Wo?)
	Akkusativ	*Sie stellt sich neben ihn.*	(Wohin?)
über	Dativ	*Die Lampen hängen über der Bühne.*	(Wo?)
	Akkusativ	*Die Lampen kommen über die Bühne.*	(Wohin?)
unter	Dativ	*Die Souffleuse sitzt unter der Bühne.*	(Wo?)
	Akkusativ	*Die Souffleuse muss unter die Bühne.*	(Wohin?)
vor	Dativ	*Wir treffen uns vor der Schule.*	(Wo?)
	Akkusativ	*Er schickte ihn vor die Schule.*	(Wohin?)
zwischen	Dativ	*Er steht zwischen den Stühlen.*	(Wo?)
	Akkusativ	*Er drängt sich zwischen die Stühle.*	(Wohin?)

3.4 Zwei Präpositionen bei einem Wort

Gelegentlich möchtest du zwei Präpositionen verwenden, ohne das Bezugswort zu wiederholen. Was tust du, wenn diese beiden Präpositionen jeweils einen anderen Kasus verlangen? In welchen Fall setzt du das Bezugswort? Die Anwort ist einfach: Das Substantiv richtet sich nach der zweiten Präposition, die näher an dem Bezugswort steht:
Er kommt mit Freunden (Dativ) *oder ohne Freunde* (Akkusativ).
→ *Er kommt mit oder* ***ohne Freunde*** (Akkusativ).
→ *Er kommt ohne oder* ***mit Freunden*** (Dativ).

4 Konjunktiv II oder *würde?*

Auf S. 39 hast du schon von der Verwendung des Konjunktivs II und seiner Ersatzform mit *würde* + Infinitiv gehört, die immer dann zum Einsatz kommt, wenn sich der Konjunktiv II genauso anhört wie die Präteritumform des Indikativs. Es gibt aber auch andere Situationen, in denen du auf die Ersatzform ausweichen solltest. Einige Konjunktivformen wirken heute nämlich **veraltet** oder hören sich stilistisch etwas hochgestochen an. In diesen Fällen ist die *würde*-Form oft geeigneter.

Tipp: Allerdings solltest du aufpassen, denn die Formen **ohne *würde*** gelten nach wie vor oft als **eleganter** und **stilistisch besser** – besonders in Aufsätzen. Daher hier ein paar Beispiele, an denen du dich orientieren kannst, denn das Ganze ist mehr eine Frage des Stils als der Grammatik.

Besser Konjunktiv II	statt *würde* + Infinitiv
Wenn ich das Buch nur ***fände!***	*Wenn ich das Buch nur* ***finden würde!***
Ich ***wüsste*** *gern mehr dazu.*	*Ich* ***würde*** *gern mehr dazu* ***wissen.***
Ich ***könnte*** *das nicht.*	*Ich würde das nicht* ***können.***
Sie ***käme*** *gern auch mit.*	*Sie* ***würde*** *gern auch* ***mitkommen.***
Ich ***hätte*** *keine Lust dazu.*	*Ich* ***würde*** *keine Lust dazu* ***haben.***
Vielleicht ***bekämst*** *du eine Eins.*	*Vielleicht* ***würdest*** *du eine Eins* ***bekommen.***
Und wenn ich ***mitginge?***	*Und wenn ich* ***mitgehen würde?***
Ich ***wäre*** *damit zufrieden.*	*Ich* ***würde*** *damit zufrieden* ***sein.***

EXTRA

Auch wenn die Konjunktivform eigentlich die stilistisch elegantere ist, gibt es drei Fälle, in denen die *würde*-Form vorzuziehen ist.

Besser *würde* + Infinitiv	statt Konjunktiv II
1. Um Missverständnisse zu vermeiden, weil Konj. II = Indikativ Präteritum:	
*Wir **würden** gern Canasta **spielen.***	*Wir **spielten** gern Canasta.*
*Sie **würde** um die Welt **reisen.***	*Sie **reiste** um die Welt.*
*Sie **würden** es dort nicht **aushalten.***	*Sie **hielten** es dort nicht **aus.***
*Er **würde** mit gar nichts **rechnen.***	*Er **rechnete** mit gar nichts.*
2. Um Missverständnisse in der indirekten Rede zu vermeiden:	
*Die Freunde erzählen vom Praktikum. Alle **würden** sich nicht an die Vorschriften **halten.***	*Die Freunde erzählen vom Praktikum. Alle **hielten** sich nicht an die Vorschriften.*
3. Um veraltete Formen zu vermeiden:	
*Das **würde** ich nicht **wegwerfen.***	*Das **würfe** ich nicht weg.*
*Ich wäre froh, wenn du die Tür **schließen würdest.***	*Ich wäre froh, wenn du die Tür **schlössest.***
*Wenn die Schule später **beginnen würde,** wäre ich fitter.*	*Wenn die Schule später **begönne / begänne,** wäre ich fitter.*
*Wenn ich dich schon besser **kennen würde,** könnten wir in Urlaub fahren.*	*Wenn ich dich schon besser **kennte,** könnten wir in Urlaub fahren.*
Würdest** du mir endlich mal das Richtige **empfehlen!	***Empföhlest** du mir endlich mal das Richtige!*

Wenn du allerdings durch die Ersatzform zweimal hintereinander *würde* stehen hast, solltest du doch in einem Fall auf den Konjunktiv zurückkommen:

Besser Konjunktiv II, um ein doppeltes *würde* zu vermeiden	
*Wenn du das **machtest, würde** ich nicht nein sagen.*	*Wenn du das machen **würdest, würde** ich nicht nein sagen.*
*Wenn du das **machen würdest, sagte** ich nicht nein.*	
*Wenn du nicht so viel **äßest, würdest** du nicht ständig zunehmen.*	*Wenn du nicht so viel essen **würdest, würdest** du nicht ständig zunehmen.*
*Wenn du nicht so viel essen **würdest, nähmst** du nicht ständig **zu.***	

5 Was gehört zu einem Wortfeld?

Wörter eines Wortfeldes haben den gleichen Bedeutungskern, sie meinen also inhaltlich das Gleiche oder Ähnliches. Deshalb kannst du mit verschiedenen Wörtern eine Wortfeldes zunächst Wiederholungen vermeiden (↑ S. 139). Außerdem kannst du mithilfe eines Wortfeldes in deinem Text **verschiedene Stilebenen** zum Ausdruck bringen, je nachdem, worüber du schreibst oder wer in deinem Text etwas sagt.
Wenn du z. B. eine Vorlage für einen Gesetzestext verfassen sollst, brauchst du Wörter einer anderen Stilebene, als wenn du einen Streit zwischen Geschwistern schilderst.

Stilistische Unterscheidung durch Wortfelder
Wenn du über Wörter eines Wortfeldes nachdenkst, fällt dir auf, dass manche Ausdrücke nur in bestimmten Situationen passen. Überlege dir doch einmal, wie sich die folgenden Wörter auf stilistischer Ebene voneinander unterscheiden:

Frau	*Dame*	*Tussi*
Kopf	*Haupt*	*Birne*
essen	*speisen*	*mampfen*
sterben	*entschlafen*	*abkratzen*

Du siehst, dass es neben der „normalen" Standardsprache noch Ausdrücke der **gehobenen Sprache** und **umgangssprachliche** oder auch **abwertende Bezeichnungen** gibt.

Mithilfe solcher Wortfelder kannst du deinen Text also sowohl abwechslungsreicher gestalten als auch im Stil an die geforderte Situation anpassen. Manchmal benötigst du auch **fachsprachliche Ausdrücke,** z. B. wenn du eine Gebrauchsanleitung verfassen oder im Biologieunterricht über ein bestimmtes Thema ein Referat halten sollst.

Tipp: **Fremdwörter** (↑ S. 140) sind Synonyme zu ihren deutschen Entsprechungen und gehören mit ihnen zu einem Wortfeld. Sie können dir so auch helfen, deinen Text ansprechend und abwechslungsreich klingen zu lassen. Allerdings solltest du dir sicher sein, was sie bedeuten. Peinlich wirkt ein Fremdwort, das in deinem Zusammenhang nicht passt, weil es etwas anderes bedeutet, als du glaubst.

1 Wortarten

1 S. 7
In dieser Reihenfolge einzukreisen sind: einmal, und, nichts, als, vom, und, bei, von, in, aber, als, beim, und, hinaus, ins, dass, aus, Und, als, wenn, zurück, ins, dann, zu

2 S. 8
flektierbar – Konjugation: Verben
flektierbar – Deklination / Komparation: Adjektive, Substantive, Artikel, Pronomen
unflektierbar: Adverbien, Präpositionen, Konjunktionen, Interjektionen

3 S. 9
deklinierbar: a), c), d), e), f), g), h), i), j);
konjugierbar: b)

4 S. 10
Elias, Daniel, Eva, Großmutter, Klingel, Nachmittag, Warten, Oma, Ende, Liebe, Kinder, Kuchen, Haus, Kleid, Enkel, Geschenke, Tür

5 S. 10
Lebewesen: Elias, Daniel, Eva, Großmutter, Oma, Kinder, Enkel
Dinge: Klingel, Kuchen, Haus, Kleid, Geschenke, Tür
Gefühle: Liebe
Begriffe: Nachmittag, Warten, Ende

6 S. 11
auf -e: Fische, Beine, Scherze, Dinge
auf -(e)n: Klingen, Ohren, Kerzen, Herzen
auf -er: Kinder, Rinder, Bilder, Felder, Bretter
auf -s: Omas, Autos, Handys, Babys
Singular = Plural: Messer, Löffel, Eimer, Mädchen, Gürtel

7 S. 11
die Pizzen / Pizzas – die Alben – die Figuren – die Babys – die Firmen – die Drosseln – die Hotels – die Lehrer

8 S. 12
a) den Nikolaus: Maskulinum, Singular, Akkusativ
b) die Kinder: Neutrum, Plural, Nominativ – dem Nikolaus: Maskulinum, Singular, Dativ
c) der Nikolaus: Maskulinum, Singular, Nominativ – Freundin: Femininum, Singular, Dativ – das Geschenk: Neutrum, Singular, Akkusativ
d) Bruder: Maskulinum, Singular, Dativ – eine Rute: Femininum, Singular, Akkusativ
e) der Junge: Maskulinum, Singular, Nominativ – Jahr: Neutrum, Singular, Dativ

9 S. 13
a) einen – der – einen – der – eine
b) einen – der – einem – der – den
c) ein – dem – eine – die – eine

10 S. 13
das Buch, der Schmerz, die Nase, die Blume, die Freundin, die Pause, der Baum, der Zahn, der Duft, die Brille, die Musik, der Rasen, der Kopf, das Zimmer, der Gesang, die Garage, das Gras, die Dusche, das Ohr, der Tanz

11 S. 14
Handlung: arbeiten, bauen, singen, spielen;
Vorgang: fallen, sinken, regnen, wachsen;
Zustand: bleiben, liegen, sein, wohnen

13 S. 14
regnet – rufe ... an – gehen – finde – liegen – habe – rutsche – schmecken – treffe

14 S. 15
war (sein), duldete (dulden), hatte (haben), sah (sehen), sich anschickte (sich anschicken), brachte um (umbringen), regierte (regieren), konnte (können), baute (bauen), lebte (leben), verschlang (verschlingen)

15 S. 15
a) 2. Person Singular
b) 2. Person Plural
c) 1. Person Singular
d) 3. Person Plural

16 S. 16
sie schreiben, ihr singt, ich höre, er / sie / es schläft, wir gähnen, du spielst

17 S. 16
besucht – lernen – zubereitet – trifft – machen – erfahren – erklärt – verwenden – ernten – verabredet

18 S. 17
finden, findend, gefunden
schlafen, schlafend, geschlafen
lesen, lesend, gelesen
verkaufen, verkaufend, verkauft

19 S. 17
lache, lacht, lachend, gelacht; tanze, tanzt, tanzend, getanzt; beiß, beißt, beißend, gebissen

20 S. 18
ich liebe, du fragst, sie schreiben

21 S. 18
geht – fleht – helfen – jagt – antwortet – kommt – tun – tobt – fängt – vergräbt

22 S. 19
beruht – kennen – erreichte – wähnte sich – nannte – stimmt – ist – schrieb – geht – drückt ... aus – heißt

23 S. 20
ging, arbeiteten, kannte, kamt, mahnte, sahst, spielte, schrieben, pflücktet;
Lösungswort: GRAMMATIK

24 S. 20
schwach: arbeiten, mahnen, spielen, pflücken; **stark:** gehen, kommen, sehen, schreiben; **unregelmäßig:** kennen

25 S. 21
tauchte – ließen – nannten – sahen – ließ – begleiteten – betrat – entfaltete – nahm – wussten – bedeutete – hatten

26 S. 22
Perfekt mit sein, 1. Ps. Sg.: ich bin gegangen, geflogen, gekommen, geschwommen, gelaufen, gewandert, gerudert
Perfekt mit haben, 1. Ps. Sg.: ich habe gehört, gegessen, gedacht, gestanden, gesprochen, gelesen, geklopft

27 S. 23
ich hatte gegessen, du hattest gegessen, er/sie/es hatte gegessen, wir hatten gegessen, ihr hattet gegessen, sie hatten gegessen;
ich war gelaufen, du warst gelaufen, er/sie/es war gelaufen, wir waren gelaufen, ihr wart gelaufen, sie waren gelaufen

28 S. 23
Nachdem Carla das Kleid anprobiert hatte, kaufte sie es sofort.
Tom machte sich sofort auf die Suche, nachdem er die Schatzkarte gefunden hatte.
Nachdem die Mutter den Salat angerichtet hatte, rief sie die Kinder zum Essen.
Die Kinder trafen sich zum Spielen, nachdem sie ihre Hausaufgaben erledigt hatten.
Nachdem Luka den Drachen gekauft hatte, ließ er ihn sofort steigen.

29 S. 23
Präteritum und Plusquamperfekt

30 S. 24
gekauft hatten – hörten – machten – glaubten – eingezogen waren – gab – kamen – durchsuchte – fand – vergangen war – beschloss – legte – gewartet hatte – ging – zuckte – begann – vergangen waren – sah – musste – war – gefunden hatte

31 S. 25
werde – erzählen – werde – packen – werde – verlassen – werde – wandern – werde – genießen – werde – bestehen – werde – zurückkehren

32 S. 26
werden, haben und sein

33 S. 26
Wenn ich Abitur gemacht haben werde ...; dass ich eine Weltreise gemacht haben werde ...; ... ich werde dann viele Erfahrungen gemacht haben, werde ich Leute kennengelernt haben und werde viele Sitten und Gebräuche fremder Länder erlebt haben ...

34 S. 27
a) Passiv
b) Aktiv
c) Aktiv
d) Passiv
e) Passiv
f) Aktiv
g) Aktiv
h) Passiv

35 S. 28
Drei Klassenarbeiten in Klasse 7 werden pro Halbjahr von der Lehrerin geplant. Die Wünsche und Vorlieben der Schüler werden dabei berücksichtigt, wenn es sich einrichten lässt. Auf eine gemeinsame Lektüre, z. B. bei einem Jugendbuch, wird sich in manchen Klassen von den Schülern schnell geeinigt. Meistens wird gern gelesen und einzelne Kapitel werden von den Schülern in Form einer Inhaltsangabe vorgestellt.

36 S. 29
a) Aktiv
b) Aktiv
c) Passiv
d) Aktiv
e) Passiv

37 S. 29
a) täterloses Passiv
b) täterloses Passiv
c) täterloses Passiv
d) täterabgewandtes Passiv

38 S. 29
a) Der Täter ist unbekannt.
b) Der Täter ist nicht wichtig.
c) Der Täter soll nicht genannt werden.

39 S. 30
wir hatten geküsst, wir waren geküsst worden, sie werden gelegt haben, sie werden gelegt worden sein, ich habe gerufen, ich bin gerufen worden, ihr untersucht, ihr werdet untersucht, er / sie /es wird zählen, er / sie /es wird gezählt werden

40 S. 31
sich freuen – keine Passivform; besuchen – der Reiterhof wird besucht; erwarten – er wird erwartet; lieben – es wird geliebt; reiten – sie werden geritten; sich fürchten – keine Passivform; bilden – es wird gebildet

41 S. 31
ich ging, ich bin gegangen; sie sind gegangen, sie haben gekauft, sie sind gekauft worden; er rufe, wir rufen, wir zwingen, wir werden gezwungen, wir werden gezwungen worden sein

42 S. 31
a) Passiv
b) Passiv
c) Futur I
d) Futur I
e) Passiv

43 S. 32
unser Schülersprecher, zwei Vertreter, einzelne Kandidaten, deren Namen, Stimmzettel, der Lieblingskandidat, die Stimmzettel, das Ergebnis, der Sieger
Die Klassensprecher wählen einige Wochen nach Schuljahresbeginn unseren Schülersprecher. Der Rektor ruft von jeder Klasse zwei Vertreter in die Aula. Die Anwesenden schlagen dort einzelne Kandidaten vor und ein Mitglied der SV schreibt deren Namen an die Tafel. Die Klassensprecher füllen die Stimmzettel aus und sie kreuzen ihren Lieblingskandidaten an. Weitere SV-Mitglieder sammeln die Stimmzettel ein und zählen sie aus. Der Rektor verkündet das Ergebnis und alle beglückwünschen den Sieger.

44 S. 32
b) Kein Mittel gegen seinen Gegner wurde von dem Spieler gefunden.
c) Dabei war die lange Siegesserie des Schweizers Roger Federer im Jahr 2007 von Guillermo Cañas beendet worden.
d) In Miami wurde Roger Federer kurze Zeit später sogar noch einmal von ihm geschlagen.
e) Aber dieses Mal wurde der weit hinter der Grundlinie spielende Argentinier mit Stoppbällen von Federer erwischt.
f) Die heutige Partie in Rom wurde nach nur 83 Minuten von Federer siegreich beendet.

45 S. 34
a) Das Buch ist veröffentlicht.
b) Der Schüler wurde von ihrem Lob überrascht.
c) Die Buchausstellung war beendet.
d) Der Hund ist in den Keller gesperrt gewesen.
e) Das Fahrrad ist gekauft.

46 S. 34
Lösungsvorschlag:
Von den Schülern wird ein Spieler als Hintermann gewählt. Er stellt sich auf der gegenüberliegenden Grundlinie auf. (oder: Er wird ... aufgestellt.) Wenn Spieler von der gegnerischen Mannschaft abgeworfen werden, müssen sie das Spielfeld verlassen. Durch geschicktes Zuspiel von Feld- und Außenspielern wird die Gegenmannschaft gejagt. Wenn nur noch wenige Spieler auf dem Feld sind, wird der Hintermann eingesetzt. Nach einer festgelegten Zeit werden die Feldspieler gezählt und so der Sieger ermittelt.

47 S. 36
hat, feiert, beginnt, sagt, habe, feiere, beginne

48 S. 36
Indikativ: hat, feiert, beginnt, sagt
Konjunktiv: habe, feiere, beginne

49 S. 37
Oma fragt, ob du Marmelade bevorzugest.
Oma sagt, der Käse sei von Feinkost Franken.
Oma sagt, morgen werde das Wetter schön.
Oma sagt, sie wolle nachher ein Partie Canasta spielen.
Oma sagt, morgen kämen Müllers zu Besuch.
Oma sagt, sie brauche Hilfe beim Kuchenbacken.

50 S. 38
Indikativ Präsens: ich gehe, du gehst, er/sie/es geht, wir gehen, ihr geht, sie gehen;
Konjunktiv I Präsens: ich gehe, du gehest, er/sie/es gehe, wir gehen, ihr gehet, sie gehen

51 S. 39
er/sie/es fährt – fahre – fuhr – führe; du bist – du seist – du warst – du wärest;
ihr tragt – ihr traget – ihr trugt – ihr trüget;
er/sie/es soll – solle – sollte – sollte; wir sprechen – wir sprechen – wir sprachen – wir sprächen; sie werden – sie werden – sie wurden – sie würden; ich steige – ich steige – ich stieg – ich stiege; du hast – du habest – du hattest – du hättest; ich bin – ich sei – ich war – ich wäre

52 S. 40
a) **Indikativ** – Der Satz bedeutet, dass Tom tatsächlich in der Schule ist. (Der Sachverhalt ist also gegeben.)
b) **Konjunktiv I** – Der Satz bedeutet, dass es nicht ganz sicher ist, dass Tom in der Schule ist. (Der Sachverhalt ist also nicht gegeben.) Man weiß nicht, ob die Mutter selbst daran glaubt, doch sie sagt dies vor anderen.
c) **Konjunktiv II** – Der Satz bedeutet, dass die Mutter weiß, dass Tom sich nicht in der Schule aufhält („Nichtwirklichkeit"), z. B. weil er erkrankt ist. Sonst wäre er da.

53 S. 41
a) Es sieht ganz danach aus, als ob wir das Schlimmste noch vor uns hätten.
b) Du stellst dich ja an, als machtest du diese Arbeit zum ersten Mal.
c) Er führt sich auf, als ob sein guter Name auf dem Spiel stünde.
d) Mir ist, als hätte ich diesen Mann schon einmal irgendwo gesehen.
e) Ich wünschte, ich hätte es hinter mir.

54 S. 41
a) Es sieht so aus, als ob es mit ihm wieder bergauf ginge.
b) Er benimmt sich hier, als wäre er der Herr des Hauses.
c) Tu doch nicht so, als ob du nicht wüsstest, worum es hier geht.
d) Es schien mir, als ob ihn meine Bemerkung nachdenklich gestimmt hätte.

55 S. 42
a) Verbot
b) Möglichkeit
c) Fähigkeit
d) Wunsch
e) Abneigung
f) Abneigung

56 S. 43
a) Kann ich mit dem Bus fahren?
b) Wir können mit ...
c) Ich darf bis um ...
d) Es soll ein neues Schulhaus gebaut werden.
e) Soll ich für dich einkaufen gehen?
f) Wir müssen unser Zimmer aufräumen.
g) Sie kann auf den Baum klettern.

57 S. 43
a) möchte
b) wollen
c) kann
d) musste
e) kannst
f) soll

58 S. 44
besten – aufregenden – letzten – großen – schlechtes – fürchterlichen – freundliche – erfahrene – spannendes – kleines – köstlicher – erlebnisreichen – wunderschöne

59 S. 45
Einzahl: Singular; 1. Fall Nominativ: das kleine Kind; **2. Fall Genitiv:** des kleinen Kindes; **3. Fall Dativ:** dem kleinen Kind; **4. Fall Akkusativ:** das kleine Kind;
Mehrzahl: Plural: die kleinen Kinder, der kleinen Kinder, den kleinen Kindern, die kleinen Kinder

60 S. 45
Lösungsvorschlag:
Meine Deutschlehrerin ist eine große Frau mit blonden Haaren und roter Brille auf einer markanten Nase. Ihre Augen sind dunkelgrün und ihre Augenbrauen schmal.

61 S. 46
bestes (von: gut) – unverheiratete – fernen – leckeren – verwilderten – vielen – benachteiligten – langes – große – mehr (von: viel) – fantastische – neue – wenigen – anstrengenden – erfolgreichen

62 S. 47
Positiv, Komparativ, Superlativ:
trüb, trüber, am trübsten; früh, früher, am früh(e)sten; fein, feiner, am feinsten; vergesslich, vergesslicher, am vergesslichsten; klein,

kleiner, am kleinsten; hoch, höher, am höchsten; warm, wärmer, am wärmsten; rau, rauer, am rau(e)sten; leise, leiser, am leisesten; jung, jünger, am jüngsten

63 S. 48
unglücklicherweise, selbst, nicht, sogleich, beiseite, sofort, so, auch, oben, nur, nicht, hier, wieder, davon

64 S. 49
lokal: drinnen, irgendwo, überall, hinten; **temporal:** stets, heute, schließlich, endlich, unterdessen; **modal:** folglich, glücklicherweise, schnellstens; **kausal:** darum, deshalb, anstandshalber

65 S. 49
wohl, besser, am besten; sehr, mehr, am meisten; bald, eher, am ehesten; gern, lieber, am liebsten; oft, öfter, am häufigsten;

66 S. 50
b) **Komparativ:** Er verhielt sich besser. **Superlativ:** Er verhielt sich am besten.
c) **Komparativ:** Über die Niederlage ärgerten sie sich mehr. **Superlativ:** Über die Niederlage ärgerten sie sich am meisten.
d) **Komparativ:** Ich besuche dich eher. **Superlativ:** Ich besuche dich am ehesten.
e) **Komparativ:** Sie spielt mehr mit Bausteinen. **Superlativ:** Sie spielt am meisten mit Bausteinen.

67 S. 51
a) Sie besuchten den Weihnachtsmarkt.
b) Die Kinder waren besonders begeistert von ihr.
c) Das Krippenspiel gefiel ihnen jedoch überhaupt nicht.

68 S. 51
sie, sie, sie, ihn, sie, ihn

69 S. 52
... Er (Personalpronomen) verlässt **sein** (Possessivpronomen) Zuhause, weil **seine** (Possessivpronomen) Eltern ... hat **er** (Personalpronomen) Probleme: **Seine** (Possessivpronomen) Noten ... **seinen** (Possessivpronomen) Mitschülern versteht **er** (Personalpronomen) ... denkt **er** (Personalpronomen): **Ich** (Personalpronomen) hau ab! **Wir** (Personalpronomen) lernen ... **Ihr** (Personalpronomen) könnt ... bleibt **er** (Personalpronomen) ... **Er** (Personalpronomen) findet ... erleben **sie** (Personalpronomen) ...

70 S. 53
a) sich (unechter Gebrauch)
b) sich (echt reflexiver Gebrauch)
c) mich (echt reflexiver Gebrauch)
d) dich (echt reflexiver Gebrauch)

71 S. 54
diesem – jenem – denselben – Derjenige – Derselbe – Solche – Der

72 S. 55
die – die – der – der – den – denen – die – die (das) – der – die – denen

73 S. 56
Etliche (Indefinitpronomen) ... dieses (Demonstrativpronomen ... ihr (Possessivpronomen) ... die (Relativpronomen) ... Man (Indefinitpronomen) ... dieses (Demonstrativpronomen) ... mehrere, jedes (Indefinitpronomen) ... das (Relativpronomen) ... dieser, diesen (Demonstrativpronomen) ... ihren (Possessivpronomen) ... sie (Personalpronomen) ... solches (Demonstrativpronomen) ... das (Relativpronomen) ... manchen (Indefinitpronomen) ... ihren (Possessivpronomen) ... Es (Personalpronomen)

74 S. 57
räumliches Verhältnis: Wo? Wohin? hinter die Tür, neben dem Schrank
zeitliches Verhältnis: Wann? nach zwei Stunden, vor vier Jahren
Verhältnis der Art und Weise: Wie? vor Anstrengung, mit großem Mut, auf Englisch
Begründung: Warum? wegen ihrer Tochter

75 S. 58
a) mit (modal) seinen Freunden – im (lokal) Schwarzwald
b) Während (temporal) seiner letzten Klassenfahrt – in (temporal) der Nacht
c) Vor (kausal) lauter Furcht – vor (lokal) das Haus
d) Nach (temporal) zwei Stunden – mit (modal) einem Kompass und einem Handy – im (lokal) Wald
e) in (temporal) weniger als zwei Stunden

76 S. 58
Seit – auf – in – Wegen – am – Über – zum – Um – in – Nach – mit – von

77 S. 59
Nachdem/Als wir das Kino ... einen Kaffee, denn sie kann ... Obwohl sie keine Schnellrestaurants ... Gefallen und spendiert ... Sowohl

Cola als auch Pommes haben wir natürlich nie zu Hause, deshalb ... gerne. Wenn wir wieder zu Hause sind, ... Äpfel und Bananen essen wir täglich, aber ...

78 S. 60
Zeit: als, nachdem, ehe, bis
Grund: weil, da
Zweck: damit, dass, um zu
Gegensatz: obschon, obgleich, obwohl
Bedingung: falls, wenn

79 S. 60
a) falls, da alle übrigen Konjunktionen temporale Konjunktionen sind
b) jedoch, da alle übrigen Konjunktionen nebenordnende Konjunktionen sind
c) und, da alle übrigen Konjunktionen einen Gegensatz angeben.

80 S. 61
acht – Erste – Erste – Dritter – Achte

81 S. 61
wenig – meiste – einige – viele – wenigen – manche – ein paar

82 S. 62
Empfindung: brr, oh, aua, hurra, igitt, pfui, wow;
Aufforderung: basta, dalli dalli, pst, he;
Laute: miau, tatütata, wuff wuff, peng;
Gesprächswörter: hm, aha, bitte?, genau

2 Wortbildung

1 S. 63
der Auto**fahrer**, die Mathematik**lehrerin**, das Gast**haus**, das Kletter**gerüst**

2 S. 63
zitronengelb (Adjektiv), Schnellläufer (Substantiv), Fertiggericht (Substantitv), riesengroß (Adjektiv)

3 S. 64
Brillenschlange, Freundeskreis, Schmerzensgeld, Dornenhecke

4 S. 64
Adjektiv: spindeldürr, eiskalt, haushoch, geistreich, staubtrocken, pfeilschnell, taghell, handfest; **Substantiv:** Braunbär, Gutschein, Geheimtipp, Reitstiefel, Drehbuch, Lesebrille, Gehweg, Fahrzeit

5 S. 65
Auf-gabe, Zu-nahme, Ver-kauf, Vor-fall, Ein-gang, Ent-schluss

6 S. 65
Lösungsvorschlag:
Aufgang, Zugabe, Einnahme, Verschluss, Vorgang, Entdecker, Eingabe, Zugang

7 S. 65
Schönheit, Fähigkeit, Reichtum, Verwandtschaft

8 S. 66
wunderlich / wundersam, furchtbar / furchtlos, ärgerlich, traumhaft / traumvoll, windlos / windig

9 S. 66
-lich, -sam, -bar, -los, -haft, -ig, -voll

10 S. 66
Zimmerchen, Tüchlein, Häuschen / Häuslein

11 S. 67
aufstehen – überlege – anziehen – vorbereiten – natürlich – Bäcker – Brötchen – zurücklaufen – verärgert – Bedienung – langsam – bezahlen

12 S. 68
SMS, Abi, VW, Assi, AB, Mathe, HDTV

13 S. 68
Application, Desoxyribonukleinsäure, Digital Versatile Disc, Multimedia Messaging Service, North Atlantic Treaty Organization

14 S. 69
Lösungsvorschlag:
fragen: erkundigen, nachfragen, wissen wollen, erfragen, bitten, anfragen; **höflich:** nett, gut erzogen, zuvorkommend, anständig, rücksichtsvoll, freundlich; **schwimmen:** kraulen, baden, planschen, tauchen, Wasser treten, Bahnen ziehen; **sagen:** meinen, reden, sprechen, entgegnen, äußern, benennen

15 S. 69
daran teilgenommen – Fahrbahn – teilgenommen – Turnieren – gestiftet – gebacken – gemundet – an den Flammen – mit Sicherheit

16 S. 71
a) Untersuchung, versuchen, Besuch
b) vermuten, mutig, entmutigen

c) auffallen, Überfall, Zufall
d) abgeben, ausgeben, Angeber
e) Unterredung, Verabredung, Vorrede
f) Vorschlag, Anschlag, beschlagen

17 S. 71
Lösungsvorschlag:
fall: verfallen, Verfall, überfallen, zerfallen, Abfall; **geb:** angeben, aufgeben, Aufgabe, vergeben, Vergabe, vergeblich; **mut:** zumuten, mutlos, Mutprobe, Zumutung, Übermut; **red:** verabreden, redlich, Nachrede, Dankesrede, Redeschwall; **schlag:** abschlagen, zuschlagen, Verschlag, Schlaganfall, Schläger; **such:** absuchen, durchsuchen, Versuch, Suchmannschaft, Suchtrupp

18 S. 72
abbauen, bebauen, Umbau, Hausbau; aufziehen, verzogen, Zug, umziehen; Fahrschein, fahrlässig, Gefährt, Abfuhr; Hilflosigkeit, geholfen, hilfsbereit, Helfer

19 S. 73
Folgendermaßen sollen die Wörter in den Sätzen verwendet werden:
a) Bank als Sitzgelegenheit
b) Plätzchen als Ort
c) Schlange als Tier
d) dichten im Sinne von schreiben
e) Fliege als Kleidungsstück
f) Schloss als Gebäude
g) Strauß als Blumengebinde
h) Hahn als Wasserrohr

20 S. 74
riesig – winzig, groß – klein, hell – dunkel, Mann – Frau, gehen – stehen, verlieren – gewinnen, Liebe – Hass, berufstätig – arbeitslos, viel – wenig, kalt – warm, mutig – ängstlich

21 S. 74
Lösungsvorschlag:
a) Junge – Mädchen
b) Männchen – Weibchen
c) Stute – Hengst
d) mehr – weniger
e) früher – später

3 Satzglieder

1 S. 75
Gestern Abend traf ich Florians Schwester in der Stadt.

2 S. 76
Ich traf gestern Abend Florians Schwester in der Stadt. In der Stadt traf ich gestern Abend Florians Schwester. Gestern Abend traf ich in der Stadt Florians Schwester. Florians Schwester traf ich gestern Abend in der Stadt. Ich traf gestern Abend in der Stadt Florians Schwester.

3 S. 76
Gestern Abend / traf / ich / Florians Schwester / in der Stadt.

4 S. 76
a) Sie besuchen den Kinderspielplatz in der Kirchstraße.
b) Ohne Zögern beging der Dieb ihn.

5 S. 77
a) ... der Hausmeister ... Frage: Wer baut die große Bühne auf?
b) ... die Schüler ... Frage: Wer trifft wenig später ein?
c) Die Buden ... Frage: Was wurde in den letzten Wochen hergestellt?
d) ... alle ... Frage: Wer wartet gespannt auf die ersten Gäste?

6 S. 78
Übrig bleiben:
a) Die Schüler werden gelobt.
b) Die Lehrer tanzen.
c) Das Fest endet.
d) Alle gehen.

7 S. 78
a) Die Schminkaktion – Was?
b) Die kleinen Kinder – Wer?
c) neue Kunden – Wer?

8 S. 79
die Sonne: sie, Dunkle Regenwolken: sie, der erste Ferientag: er, die Kinder: sie, David: er, Das neue Buch von Tante Carla: es, David: er, dicke Regentropfen: sie, ein Tag im Bett: es, David: er, der Bücherwurm: er, Das dicke Buch: es

9 S. 80
a) habe
b) haben
c) nagen
d) macht
e) bleibt

10 S. 81
a) fährt – bleibt

b) bastelt – nutzt
c) mag – verbringt
d) findet – herstellt

11 S. 81
versuchen, benötigen, lohnt, mahlt, verrührt, siebt, gibt hinzu, verknetet, rollt, setzt, backt

12 S. 82
a) besuchen – besuchen
b) kauft – kauft
c) zeigt – zeige
d) trinkst – frage – trinkt
e) gehen – gehe – gehst – gehen
f) kommen – kommt – kommst

13 S. 82
die Sonne – scheinen, die Kinder – schwimmen gehen, der Ausflug – stattfinden, der Ball – fliegen
Lösungsvorschlag:
Die Sonne scheint ganz hell. Die Kinder gehen bei Sonnenschein ins Freibad schwimmen. Der Ausflug konnte leider nicht stattfinden. Der Ball fliegt hoch in den Himmel.

14 S. 83
a) Ich danke dir.
b) Der Lehrer gibt dir ...
c) Der Entführer entledigt sich seiner.
d) Die Mitschüler helfen ihnen.
e) Die Meute fiel über euch her.
f) Der Lehrer stellt dir ...

15 S. 84
Substantiv: Milch, H-Milch, Frischmilch, Fruchtmilchshakes, Shakes, Banane
Pronomen: sie, ihn, sie

16 S. 85
a) den Zirkus
b) sie – den Clown Beppo
c) die Frage
d) das mutige Auftreten
e) Katharina und Julia – mich – tausend Dank

17 S. 85
a) Sie: Subjekt – hat getragen: Prädikat – die schwere Tüte: Akkusativobjekt
b) sie: Subjekt – hat erledigt: Prädikat – die Strafarbeit: Akkusativobjekt
c) Anton: Subjekt – hat gebracht: Prädikat – den Hund: Akkusativobjekt

18 S. 86
die Rennbahn (AO) – Das schöne Wetter (AO) – die Rennen (AO) – Dem warmen Frühlingswetter (DO) – das erste Radrennen der Saison (AO) – den Wettkampf (AO) – seinem Gegner Risi (DO) – die gute Stimmung (AO) – den Abend (AO) – den ersten Kassensturz des Abends (AO)

19 S. 87
a) Ich danke dir sehr, dass du mir helfen willst.
b) Das Kind ähnelt seinem Vater.
c) Wir helfen unserer alten Nachbarin.
d) Die Kinder sind einer großen Katastrophe entgangen.

20 S. 87
a) Prädikat: lebte; eine berühmte Hexe: Subjekt
b) Prädikat: vertrauten; viele Menschen: Subjekt; dieser Hexe: Dativobjekt
c) versuchten zu heilen: Prädikat; drei Ärzte: Subjekt; den kranken Bürgermeister: Akkusativobjekt
d) gab: Prädikat; dem Bürgermeister: Dativobjekt; die rettende Medizin: Akkusativobjekt

21 S. 88
a) Ich warte auf den Besuch meines Freundes.
b) Er benutzte eine gepflegte Ausdrucksweise.
c) Wir kümmerten uns um unsere neue Mitschülerin.
d) Auf der Flucht warf der Dieb die Beute weg.
e) Die Schüler brauchten die Hilfe des Lehrers.
f) Dem Kind wurde das Daumenlutschen abgewöhnt.
g) Der Dieb nahm die Tasche der Passantin.

22 S. 89
a) ihre Großmutter (AO) mit einem Geburtstagskuchen (PO)
b) mit einem Überraschungsbesuch (PO)
c) der Jubilarin (DO) eine „kurze" Rede (AO)
d) dieser Rede (DO)
e) mit ihren Verwandten und Bekannten (PO)
f) mit einer Rede (PO) bei ihren Gästen (PO)

23 S. 90
Lösungsvorschlag:
a) Lasse bedarf der Unterstützung.
b) Wir beißen von dem Kuchen ab.
c) Ich nehme mich des kranken Hundes an.
d) Deine beste Freundin Lisa achtet auf Sauberkeit in der Klasse.
e) Der Hund begegnet unserem Nachbarn.
f) Lisa glaubt unserem Nachbarn kein Wort.

24 S. 91
a) Herr Richter beharrt **auf** seinem Standpunkt.
b) Die Kasse bangt **um** die bevorstehende Klassenfahrt.
c) Die Schülerinnen freuen sich **auf** die neue Mitschülerin.

25 S. 91
zu – an – auf – um – auf – aus – für – in – auf – an – auf

26 S. 92
unser, zehn, brillante, des Jahres, längerer, mit neuen Geschmacksrichtungen

27 S. 93
Adjektivattribut: brillante, längerer; **Genitivattribut:** des Jahres; **präpositionales Attribut:** mit neuen Geschmacksrichtungen; **Pronomen:** unser; **Zahlwort:** zehn

28 S. 93
Lösungsvorschlag:
Faszinierendes Fahrvergnügen für höchste Ansprüche! Diese Kaffeespezialität in drei neuen Sorten! Erstklassige Verarbeitung der Stoffe! Tolle Qualität der Spitzenklasse! Traumhafte Urlaubsziele in großer Auswahl!

29 S. 93
Adjektivattribut: erstklassig, traumhaft, faszinierend, toll; **Genitivattribut:** der Spitzenklasse, der Stoffe; **präpositionales Attribut:** für höchste Ansprüche, in drei neuen Sorten, in großer Auswahl; **Pronomen:** dies; **Zahlwort:** –

30 S. 94
Zeit: einstmals, zur Mittagszeit, zunächst, gleich darauf, nach dem Mahl, zuerst, an diesem Tag; **Ort:** nach Bayreuth, in eine Gaststätte, an der Tür; **Grund:** wegen seiner Geldnot, aus purer Schalkheit; **Art und Weise:** hungrig, freundlich, schnell, genüsslich, ärgerlich, rasch, gut, voller Zorn, gewitzt, guten Mutes, verdutzt

31 S. 95
a) Manche Menschen dachten früher voller Angst an die ...
b) An langen Winterabenden erzählten viele die Geschichten aber gern ihren Kindern am Kamin.
c) Auch heute noch werden in der Schule in Deutschland seine Streiche häufig gelesen.
d) Die Kinder mögen Till Eulenspiegel wegen seines Witzes.
e) Der Leser der Geschichten wird auf lustige Art und Weise belehrt.

32 S. 96
voller Angst: adverbiale Bestimmung der Art und Weise (wie?), **gern:** adverbiale Bestimmung der Art und Weise (wie?), **an langen Winterabenden:** adverbiale Bestimmung der Zeit (wann?), **am Kamin:** adverbiale Bestimmung des Ortes (wo?), **auch heute noch:** adverbiale Bestimmung der Zeit (wann?), **in der Schule:** adverbiale Bestimmung des Ortes (wo?), **in Deutschland:** adverbiale Bestimmung des Ortes (wo?), **häufig:** adverbiale Bestimmung der Zeit (wie oft?), **wegen seines Witzes:** adverbiale Bestimmung des Grundes (warum?), **auf lustige Art und Weise:** adverbiale Bestimmung der Art und Weise (wie?)

33 S. 97
Lösungsvorschlag:
Ich lache oftmals wegen des unerwarteten Endes über Tills Späße. Die Geschichten von Till Eulenspiegel wurden von Hermann Bote im 15. Jahrhundert geschrieben. Der Autor belehrt den Leser auf lustige Art und Weise. Till Eulenspiegel deckt die Dummheit der Menschen auf lustige Art und Weise auf. Der Leser lacht gern über Tills Späße.

34 S. 98
a) **auf dem riesigen Platz:** adverbiale Bestimmung
b) **aus den umliegenden Dörfern:** Attribut
c) **im nahe gelegenen Großmarkt:** adverbiale Bestimmung
d) **aus dem Großmarkt:** Attribut – **aus weit entfernten Ländern:** adverbiale Bestimmung
e) **auf dem Großmarkt:** adverbiale Bestimmung – **aus weit entfernten Ländern:** Attribut

35 S. 99
a) adverbiale Bestimmung
b) präpositionales Objekt
c) Attribut
d) adverbiale Bestimmung, adverbiale Bestimmung

36 S. 100
a) präpositionales Objekt
b) präpositionales Objekt, adverbiale Bestimmung
c) adverbiale Bestimmung, präpositionales Objekt
d) präpositionales Objekt, adverbiale Bestimmung
e) präpositionales Objekt

37 S. 100
a) Ferien **auf dem Bauernhof:** präpositionales Attribut, eine **spannende** Angelegenheit: Adjektivattribut
b) **stressgeplagten** Eltern: Adjektivattribut, die Abgeschiedenheit **des Dorfes:** Genitivattribut
c) ohne **irgendeine** Verpflichtung: Pronomen
d) **kurze** Ausflüge: Adjektivattribut, **nähere** Umgebung: Adjektivattribut
e) **technikbegeisterten** Jungen: Adjektivattribut, mit dem Traktor **des Bauern:** Genitivattribut
f) **für Pferde schwärmenden** Mädchen: präpositionales Attribut, im Pferdestall **des Bauern:** Genitivattribut
g) mit **viel** Begeisterung: Adjektivattribut

4 Der Satz

1 S. 102
Wir bitten um fünf Minuten Aufmerksamkeit. Es geht um die Sicherheit Ihrer Kinder. Immer mehr Kinder sterben im Straßenverkehr. Das muss nicht sein. Durch Geschwindigkeitsbegrenzungen könnten viele Unfälle vermieden werden. Wir Eltern setzen uns dafür ein.

2 S. 103
Das Schiff fuhr nach Ostindien und ich hatte als Arzt nicht viel zu tun. Doch eines Nachts gerieten wir in einen fürchterlichen Sturm. Welch ein Unwetter zog über uns her**!** **(.)** Nach mehreren Tagen Kampf gegen die Naturgewalten zerbrach die „Antilope“ und versank. Was sollte jetzt aus mir werden**?** Ich trieb ohne Hoffnung auf Rettung allein auf den Wellen durch die dunkle Nacht. Da, plötzlich fühlte ich Grund unter meinen Füßen. Wo war ich**?** Ich stolperte durch den nassen Sand und betrat festen Boden. Nirgends sah ich Zeichen menschlichen Lebens. Nun, fürs Erste war ich gerettet. Beruhigt schlief ich ein.
Am nächsten Morgen wollte ich mich wohlig in der warmen Sonne räkeln. Doch was war das**?** Ich konnte mich nicht bewegen. Jetzt wollte ich mich aufsetztn. Es misslang. Noch nicht einmal den Kopf konnte ich bewegen. Was war in der Nacht geschehen**?**
Mit langsamen Bewegungen versuchte ich, den Kopf aus seiner seltsamen Starre zu befreien. Nach Verlust mehrerer Haare konnte ich den Kopf wenigstens so weit bewegen, dass ich an mir hinunterschauen konnte. Ich war von Kopf bis Fuß gefesselt. Doch wer hatte dieses Kunststück vollbracht**?**

3 S. 104
Frage: **Du** fährst weiter? (Stimme heben)
Aufforderung: **Du** fährst weiter!
Feststellung: Du fährst **weiter.**

4 S. 104
Fährst du weiter?
Fahr weiter!
Du fährst weiter.

5 S. 105
Die Hauptsätze sind fett hervorgehoben, alle anderen Sätze sind Nebensätze:
Eine Stadtmaus ging einmal spazieren, als ihr eine Feldmaus begegnete. **Die Feldmaus gab der Stadtmaus gerne von ihren Vorräten ab.** Weil die Feldmaus aber nur Früchte des Waldes und Feldes besaß, **lud die Stadtmaus sie zu einem Besuch bei ihr ein. Ihre Speisekammer war randvoll mit herrlichen Speisen. Es gab Brot, Schinken, Speck, Kuchen und allerlei mehr. Da kam aber der Besitzer der Speisekammer herein und die Mäuse suchten zitternd vor Angst ein Versteck. Die Stadtmaus floh sofort in ihr Mäuseloch.** Da die Feldmaus sich aber nicht auskannte, **fand sie kein sicheres Versteck und wäre beinahe umgekommen. Nach diesem Erlebnis wollte die Feldmaus schnell wieder nach Hause. „Bleibe du ruhig eine feine Stadtmaus. Ich will ein armes Feldmäuschen bleiben und bescheiden meine Eicheln und Nüsse essen. Hier in der Stadt fühle ich mich nicht sicher,** weil es überall Gefahren gibt. **Allein auf dem Land bin ich frei und sicher in meinem Feldlöchlein.“**

6 S. 106
Bis wir uns wiedersehen, werde ich jeden Tag an dich denken.
Ich denke an dich und wir sehen uns bestimmt wieder.
Wir treffen uns in Hamburg oder wir sehen uns in Berlin wieder.
Das erste Mal sahen wir uns in Hamburg, das nächste Mal trafen wir uns in Berlin.
Für nächstes Jahr planen sie einen gemeinsamen Urlaub oder sie bleiben zu Hause.
Obwohl ein gemeinsamer Urlaub geplant war, blieben sie lieber zu Hause.
Ich mag dich und ich will mit dir ins Kino gehen.
Weil ich dich mag, will ich mit dir ins Kino gehen.

7 S. 107
Satzreihe: a), d), f)
Satzgefüge: b), c), e)

8 S. 108
a) Am Schulsportfest nehmen alle Klassen teil, die Schülerinnen der Jahrgangsstufen 11 und 12 werden in Gruppen aufgeteilt.
b) Für jede Gruppe ist eine Lehrperson zuständig, denn die Ergebnisse sollen korrekt auf den Leistungsbögen eingetragen werden.
c) Hoffentlich scheint die Sonne, aber das Sportfest findet auch bei kurzen Regenschauern statt.
d) Zum Staffellauf versammeln sich alle an dem großen Rasenplatz**(,)** und die Schülerinnen und Schüler der unteren Klassen beginnen den Wettkampf.

9 S. 108
a) Unsere Begleiter aber konnten meine Eltern überzeugen, weil sie die Tour schon einmal gemacht hatten.
b) Nach dem Elternabend, an dem sie die schönsten Bilder gezeigt hatten, wollte mein Vater auch als Betreuer mitfahren.
c) Das war aber nicht möglich, obwohl ich nichts dagegen gehabt hätte.
d) Mein Vater war enttäuscht, weil er sich auf die Reise gefreut hatte.

10 S. 109
... Gestern Abend haben wir bis spät in die Nacht am Lagerfeuer gesessen, **deswegen** haben wir heute Morgen alle lange geschlafen. **(kausal)**
Leider hat heute Morgen Maries Wecker nicht geklingelt, **dadurch** hat sie verschlafen und es nicht geschafft, beim Bäcker Brötchen zu holen. **(kausal)**
In der nächsten Woche ist hier ein Konzert meiner Lieblingsband, **dennoch** müssen wir leider nach Hause fahren. **(adversativ)**
Vorige Woche haben wir selbst einen Backofen gebaut, **dazu** haben wir einen großen Metalleimer über einer Feuerstelle in die Erde eingelassen. **(Zweck)**
Ich habe viel Spaß im Ferienlager, **trotzdem** freue ich mich auch auf mein Zuhause. **(adversativ)**

11 S. 110
Lösungsvorschlag:
b) Er möchte nicht, dass wir ihm helfen.
c) Wir führten eine Diskussion, um die Streitfrage zu klären.
d) Wir tranken Tee, nachdem wir gegessen hatten.
e) Wir sprachen davon, was wir in den letzten Tagen erlebt hatten.

12 S. 111
a) Weil ich den Zug verpasst hatte, kam ich zu spät zur Schule.
Ich kam, weil ich den Zug verpasst hatte, zu spät zur Schule.
b) Tom las in aller Ruhe ein Buch, während die Mutter sein Zimmer putzte.
Tom las, während die Mutter sein Zimmer putzte, in aller Ruhe ein Buch.

13 S. 112
b) Heute Morgen (HS, erster Teil), bevor ich zur Schule ging (NS 1. Grades), öffnete ich das Fenster (HS, zweiter Teil), das zur Straße zeigt. (NS 1. Grades)
c) Gestern Abend (HS, erster Teil), als ich mein Abendbrot (NS 1. Grades, erster Teil), das meine Mutter mir gerichtet hatte (NS 2. Grades), aß (NS 1. Grades, zweiter Teil), klingelte es an der Tür (HS, zweiter Teil).

14 S. 112
Die Hauptsätze sind fett hervorgehoben.
Das Kleid, das du mir geschenkt hast, **habe ich sofort angezogen**, weil es so schön war. – **Er verpasste den Zug,** sodass er mit dem Rad fahren musste, das noch im Keller stand, weil er es seit Wochen nicht mehr gebraucht hatte. – **Nun sind wir froh über die Taschenlampe**, die wir gestern gekauft haben, als wir in der Stadt waren, weil sie im Sonderangebot war.

15 S. 113
Der Deutschlehrer, der ein rotes Jackett trug, schrieb das Aufsatzthema an die Tafel, die Julia zuvor noch gewischt hatte, während Jakob in aller Ruhe sein Pausenbrot auspackte. Es lautete kurz und präzise: „Unser Hund". Ebenso kurz und präzise behandelte Lennard, der unser Klassenclown war, das Thema, obwohl er wusste, dass es den Lehrer ärgern würde: „Unser Hund. Wir haben keinen."

16 S. 113
Lösungsvorschlag:
Florian, der immer viel redet, erzählt in der Schule, in die er gern geht, er habe ... Der Lehrer, der sich sehr wundert, betrachtet ihn, während dieser redet, skeptisch. „Woher willst du denn, wenn du die Fliegen, die in

der Wohnung liegen, findest, wissen, ...?"
Da antwortet Florian, als er die Frage hört, ohne lange nachzudenken: „Na, zwei klebten am Schnapsglas, das meinem Vater gehört, und zwei am Spiegel, vor dem meine Mutter immer sitzt."

17 S. 114
a) der
b) die
c) die
d) das
e) an dem
f) in der

18 S. 115
Lösungsvorschlag:
a) Die Marktleute, die schon morgens um 5 Uhr zum Großmarkt müssen, stehen sehr früh auf.
b) Die Verkäuferinnen und Verkäufer, die bei Wind und Wetter an ihren Marktständen stehen, haben einen anstrengenden Beruf.
c) Herr Schmoll, der Geld sparen will, geht immer erst kurz vor Schluss auf den Markt, weil er die Waren dann billiger bekommt.
d) Frau Krause, die besonders gesundheitsbewusst ist, kauft immer nur beim Biobauern.
e) Für manche, die dort Bekannte treffen, ist der Einkauf auf dem Markt auch eine willkommene Gelegenheit zu einem Schwätzchen.

19 S. 115
a) Viele Kunden bevorzugen Waren, die aus ihrer Region stammen.
b) Eine besondere Delikatesse ist der Spargel, der aus Bornheim kommt.
c) Herr Schmoll, der der Koch vom Rheinischen Hof ist, erfindet immer wieder neue Spargelrezepte.
d) Damit erfreut er seine Gäste, die sehr anspruchsvoll sind.

20 S. 116
a) Maja fragt, wie sie von der Fußgängerzone zum Bahnhof kommt.
b) Lara fragt ihre Mutter, ob sie ihr Geld für die Fahrkarte geben kann.
c) Jan fragt, ob heute noch ein Zug nach Düsseldorf fährt.
d) Paul will wissen, auf welchem Gleis die Bahn nach Gera fährt.
e) Max überlegt, wo denn der Fahrkartenautomat ist.
f) Lena fragt sich, ob sie auch genug Kleingeld für das Ticket hat.

21 S. 116
a) Yannik erkundigt sich, wann die Abfahrtszeit des Zuges ist.
b) Tim will herausfinden, wie lange die Bahnfahrt dauert.
c) Laura will wissen, was die Höchstgeschwindigkeit des Zuges ist.
d) David fragt, was ein Zugbegleiter macht.
e) Niklas fragt, worin die Ausbildung eines Lokführers besteht.

22 S. 117
a) weil
b) da
c) Während
d) Da
e) sodass
f) Obwohl
g) damit

23 S. 118
In den Herbstferien fahre ich mit meiner Jugendgruppe weg, weil wir tolle Ausflüge unternehmen.
Ich fahre nur ins Sauerland, aber dafür muss ich auch nicht so eine lange Anreise in Kauf nehmen.
Mit meinen Eltern gab es gar keinen Streit und sie fanden meine Entscheidung gut.
Meine Schwester reist mit meinen Eltern in die Toskana und sie freut sich schon auf den alten Bauernhof dort.
Ich hatte kurz überlegt, auch mit in den Süden zu reisen, weil sie allen von den Zitronenbäumen im Garten vorschwärmt.
Die gemeinsamen Ferien mit meiner Jugendgruppe fand ich dann doch attraktiver, denn wir haben immer viel Spaß miteinander.

24 S. 119
a) Du hast mir versprochen, dich um diese Angelegenheit selbst zu kümmern.
b) Er hatte sich doch vorgenommen, einen Leserbrief zu schreiben, oder täusche ich mich?
c) Ich verspreche dir, diese Lügerei nicht mehr länger zu unterstützen

25 S. 120
a) Sie brachten drei Wochen damit zu, das Spiel zu spielen. Komma muss. Begründung: hinweisendes Wort *(damit)*.
b) Die Idee, das Spiel zu spielen, hatten sie schon lange. Komma kann.

c) Dieses Spiel zu spielen, das war seit Langem ihr Wunsch. Komma muss. Begründung: zurückweisendes Wort *(das)*.
d) Sie versuchten, das Spiel zu spielen. Komma kann.

26 S. 121
a) Weil er durch die Redegewandtheit des Verkäufers überrumpelt ist, kauft er ein viel zu teures Fahrrad.
b) Als er aus dem Kaufrausch erwacht ist, versucht Herr Klein seinen Kauf rückgängig zu machen.
c) Frau Klein, die kein Verständnis für den teuren Kauf hat, schimpft mit ihrem Mann.
d) Weil ihn der Streit mit seiner Frau angespornt hat, kehrt der Mann wütend in den Laden zurück.

27 S. 122
a) Wichtig bei einem Marathonlauf ist, dass der Sportler eine gute Kondition hat.
b) Dass man die Kraft klug einteilt, ist von großer Bedeutung.
c) Natürlich kommt es auch darauf an, dass sich der Sportler gesund ernährt.
d) Und schließlich geht es auch darum, dass der Sportler einen eisernen Willen hat.

28 S. 122
a) Subjektsatz
b) Subjektsatz
c) Objektsatz
d) Objektsatz

29 S. 123
(a) Jeden Abend um kurz vor acht zeigt uns der Wetterbericht im Fernsehen, <u>wie am darauffolgenden Tag das Wetter wird.</u>
(b) Durch Beobachtung und Erhebung physikalischer Daten können die Meteorologen voraussagen, <u>ob es am nächsten Tag schönes oder regnerisches Wetter geben wird.</u> (c) Natürlich können sie nicht garantieren, <u>dass ihre Voraussagen richtig sind.</u> (d) <u>Wann die Wetterfronten über Deutschland hinwegziehen,</u> hängt von der Großwetterlage ab. (e) Die Wetterdaten erhalten die Wetterstationen von den Satelliten im Weltall. (f) <u>Daraus das Wetter exakt vorherzusagen</u>**(,)** fällt jedoch schwer. (g) Immer wieder kommt es vor, <u>dass unerwartete Entwicklungen die Berechnungen über den Haufen werfen.</u> (h) <u>Dass man sich sicher auf den Wetterbericht verlassen kann,</u> wünschen sich nicht nur die Leute, die einen Urlaub planen.
(i) Vor allem die Landwirte möchten im Sommer wissen, <u>ob sie am nächsten Tag ihr Land bewässern müssen oder ob es Regen gibt.</u>
(j) Auch kann ihnen der Wetterbericht eine Hilfe sein, <u>wenn sie sich fragen, wann sie mit der Ernte beginnen sollen.</u>

30 S. 124
a) Objektsatz, indirekter Fragesatz
b) Objektsatz, indirekter Fragesatz
c) Objektsatz, dass-Satz
d) Subjektsatz, indirekter Fragesatz
e) ---
f) Subjektsatz, Infinitivsatz
g) Subjektsatz, dass-Satz
h) Objektsatz, dass-Satz
i) Objektsatz, indirekter Fragesatz
j) Objektsatz, indirekter Fragesatz

31 S. 125
a) Weil das Wetter wechselhaft ist, müssen die Mechaniker die Reifen besonders sorgfältig auswählen.
b) Wenn die Sonne scheint und es sehr heiß ist, sind andere Reifen auszuwählen, als wenn es leicht nieselt.
c) Die endgültige Entscheidung wird meist erst getroffen, nachdem man die Wettervorhersage ausgiebig studiert hat.
d) Weil sie so große Erfahrung haben, können die Mechaniker aber viele Entwicklungen schon vorhersehen und rechtzeitig entscheiden.

32 S. 126
... besonderen Schutz, wenn sie in einem Arbeitsverhältnis stehen. ... Wenn es sich um Frühgeburten und Mehrlingsgeburten handelt, ... konnten, wenn es sich um medizinische Frühgeburten handelt, also in der Regel bei einem Geburtsgewicht von unter 2.500 Gramm. ... wenn sie Beschäftigungsverbot erhält.

33 S. 127
a) Kausalsatz
b) Konsekutivsatz
c) Adversativsatz
d) Temporalsatz

34 S. 128
großen ⟶ Automobilausstellung; begeisterten ⟶ Publikum; neuer ⟶ Geländewagen; Form ⟵ des Wagens; Vergleich ⟵ zum Vorgängermodell; seine ⟶ Innenausstattung; Fahreigenschaften ⟵ des Geländewagens

35 S. 128
a) Der Streckenposten, der Dienst hat, muss sehr konzentriert sein.
b) Die Aufschrift, die auf dem Auto steht, wirbt für eine Bekleidungsfirma.
c) Am Ende des Rennens wird überprüft, ob das Auto, das dem Sieger gehört, den Regeln entspricht.
d) Der Motorsportler, der gesiegt hat, wird mit einem Pokal und einer großen Flasche Champagner geehrt.

36 S. 129
der Besitzer des Bauernhofs, einem Fachwerkgebäude aus dem 18. Jahrhundert, die Tochter der Familie, ein sehr kräftiger Mann, eine gemütliche Kammer unter dem Dach

37 S. 129
Lösungsvorschlag:
Das Gästezimmer, ein recht kleines, gefällt der Familie gut. Auf den Betten, urigen Holzbetten, liegen karierte Decken. Am Fenster, dem frisch geputzten, hängen kleine Gardinen.

38 S. 130
b) Was kann er nicht glauben? (Objektsatz)
c) Wann mussten wir leider nach Hause? (Adverbialsatz)
d) Wen liebe ich auch? (Objektsatz)

39 S. 130
Konjunktionalsatz: a), b), c)
indirekter Fragesatz: d)

40 S. 131
b) Indem sie sich sportlich betätigen, tun sie ... (Konjunktionalsatz, Modalsatz)
c) Damit sie zu großen Erfolgen gelangen, trainieren ... (Konjunktionalsatz, Finalsatz)
d) Weil er ein grobes Foulspiel betrieb, bekam ... (Konjunktionalsatz, Kausalsatz)

41 S. 132
a) ... Lehrer, welchen Sinn Klassenarbeiten haben.
b) Dass er die grammatischen Grundbegriffe fleißig geübt hat, hat Paul ...
c) Jan plant, dass er sich auf die nächste Klassenarbeit besser vorbereitet.
d) Elsa freut sich, dass sie eine Zwei in der Klassenarbeit hat.
e) Die Klasse entscheidet, dass sie nach Berlin fährt.

42 S. 132
b) Objektsatz, dass-Satz
c) Objektsatz, indirekter Fragesatz
d) Subjektsatz, dass-Satz
e) Subjektsatz, dass-Satz
f) Objektsatz, indirekter Fragesatz

5 Grammatik und Stil

1 S. 134
Mond: Denotation: Himmelskörper – Konnotation: Romantik, Friede, Ruhe; **Rose:** Denotation: Blume mit Dornen – Konnotation: Liebe, Romantik, Gefühle; **Wende:** Denotation: Umkehr – Konnotation: Fall der Mauer, Änderung der Situation, Neuanfang, Reue; **Sommer:** Denotation: Jahreszeit – Konnotation: Urlaub, Spaß, Wärme, Schwimmbad, Strand, Leichtigkeit; **Arzt:** Denotation: Berufsbezeichnung – Konnotation: Gesundheit, Krankheit, Alleswisser, Alleskönner, weißer Kittel; **Mallorca:** Denotation: spanische Insel – Konnotation: Urlaub, Strand, Party, gute Stimmung, Alkohol

2 S. 135
Das solltest du unterstrichen haben:
a) Deine
b) viel, wenig
c) Beim
d) das
e) ein, eine
f) etwas
g) Nach langem

3 S. 136
a) Adjektiv: Großen, Ganzen
b) Partizip: Gebasteltes
c) Verb: Laufen
d) Adjektiv: Gutes, Schlechtes
e) Verb: Suchen
f) Präposition: Auf, Ab

4 S. 137
a) Zweifel am Bestehen der Prüfung plagten sie.
b) Die Furcht vor dem Gestehen (Geständnis) der Wahrheit ist sehr groß.
c) Seine Freude auf das Verbringen des Urlaubs mit ihr war groß.
d) Das war der Dank für seine Hilfe.
e) Er traf die Entscheidung für eine Reise nach Amerika.
f) Beim Bürgermeister herrscht Verärgerung über die Verspätung der Gäste.

g) Kindern unter sechs Jahren ist der Besuch von Filmveranstaltungen nur in Begleitung Erwachsener gestattet.

5 S. 138
a) Das schönste Erlebnis in der Adventszeit ist es, Weihnachtsgebäck zu backen.
b) Das frisch gekochte Essen duftet. Noch besser riecht das, was im Ofen gebraten wurde.
c) Auf der Messe wurden einige gebastelte Gegenstände und vieles, was gemalt war, ausgestellt.
d) Weil wir zu spät kamen, mussten wir den dreifachen Preis bezahlen.

6 S. 139
Lösungsvorschlag:
Haus: Gebäude, Kate, Villa, Reihenhaus, Hütte, Bruchbude, Einfamilienhaus, Schloss, Bau, Bauwerk, Mietskaserne, Baracke; **hassen:** nicht mögen, ablehnen, Abneigung empfinden, unsympathisch finden, verabscheuen, verachten, satthaben; **Junge:** Knabe, Sohn, Neffe, Enkel, Filius, Heranwachsender, Teenager; **verlieben:** verknallen, vergucken, erglühen, Feuer fangen, anbeten, zu Füßen liegen; **vorsichtig:** behutsam, sorgsam, rücksichtsvoll, bedachtsam, wie ein rohes Ei behandeln

7 S. 139
Lösungsvorschlag:
„Ich würde gerne ins Kino gehen", **überlegt** Alex. „Ich habe heute keine Lust dazu", **erwidert** Annika. „Ich will aber gerne den neuen James Bond sehen", **beharrt** Alex. „Aber ich nicht!", **ruft** Annika. „Dann lass uns einen anderen Film anschauen", **schlägt** Alex **vor**. „Na gut", **lenkt** Annika **ein**. „Wie wäre es zum Beispiel mit einer Komödie?", **fragt** Alex. „Ich würde lieber einen Dokumentarfilm anschauen", **hält** Annika **dagegen**. „Also, dazu habe ich nun wieder keine Lust", **seufzt** Alex.

8 S. 140
Chiffre: Kennziffer einer Zeitungsanzeige
Persiflage: Verspottung durch Übertreibung
Zyklus: Kreislauf wiederkehrender Dinge
Engagement: persönlicher Einsatz
Orthografie: Rechtschreibung
human: den Menschen betreffend

9 S. 140
Diese Wörter passen besser:
a) Katastrophe
b) einheitliche
c) Lappalie
d) Fantasierst

10 S. 141
Die Tanzstunde gestern war ~~wirklich richtig~~ toll. Zuerst hatte ich ~~ja überhaupt~~ keine Lust auf diese Veranstaltung. Doch nun bin ich ~~echt~~ unglaublich froh, dass Sonja mich ~~dahin~~ mitgenommen hat. Die Tanzlehrer waren ~~tatsächlich~~ sehr nett ~~– Sonja hatte mir das schon erzählt –~~ und tanzen können die! Aber das war ~~ja nun~~ nicht das Beste. Das Beste war ~~nämlich~~, dass ich einen ~~super, super süßen~~ tollen Jungen kennengelernt habe und ~~– haltet euch fest! – dann~~ morgen Nachmittag mit ihm ein Eis essen gehe. Die Tanzstunde hat sich für mich ~~also so~~ richtig gelohnt!

11 S. 141
Lösungsvorschlag:
Das Treffen mit dem Jungen war eine unglaubliche Enttäuschung! Ich wusste es ja, dass man in einer Tanzstunde keine netten und ehrlichen Jungen kennenlernen kann. Als wir am vergangenen Samstag ein Eis essen waren, ist etwas Unfassbares passiert: Während unserer Unterhaltung kam auf einmal seine Freundin dazu! Ich dachte, ich sehe nicht richtig. Seine Freundin hatte offenbar denselben Gedanken. Sie war sehr wütend und schrie ihn an, während ich so schnell wie möglich verschwand. So etwas Peinliches ist mir noch nie passiert!

12 S. 142
a) Nachdem ich die Tür aufgeschlossen hatte, hörte ich ein Geräusch.
b) Da ich an einer Mehlallergie leide, darf ich keine Nudeln essen.
c) Ich lief hinter ihr her, um ihr zu helfen.
d) Ich bin so müde, dass ich gleich schlafen gehe.
e) Das Haus, das wie ein Schloss aussieht, finde ich sehr schön.
f) Er fuhr nach Stuttgart, wo er sich mit seinem Freund traf.

13 S. 143
Die Commedia dell'Arte
Die Commedia dell'Arte entstand im 16. Jahrhundert, ~~um es genau zu sagen, so~~ ungefähr 1550, in Italien. Es ist eine Stegreifkomödie, d.h., die Schauspieler haben vorher nicht ~~extra~~ einen Text auswendig gelernt ~~und sagen ihn einfach daher,~~ sondern sie improvisieren. Nur der Handlungsverlauf und die Szenenfolge

sind festgelegt. ~~Das musste auch so sein, denn sonst wäre das Ganze im Chaos versunken.~~ /
Die Schauspieler waren ~~alles~~ Berufsschauspieler. Es gab feste Komödiantentruppen, die manchmal nach herausragenden Schauspielern hießen. Eine Truppe war immer zehn bis zwölf Mann. Frauen waren dabei auch immer Frauen. /
Es wurden nicht einzelne Individualitäten dargestellt, sondern immer nur feste Typen. ~~Fürchterlich~~ wichtig sind die Zanni, die Diener. Unter denen sind die bekanntesten der Diener Arlecchino und die Dienerin Colombina, die ~~zwar immer ein bisschen dumm sind und~~ für manche Verwicklung verantwortlich sind. Aber am Ende wird ~~glücklicherweise~~ immer alles gut. /
Mit der Theaterreform von Goldoni (Mitte des 18. Jahrhunderts) war es mit der Commedia dell'Arte ~~leider~~ vorbei. Erst das Piccolo Teatro in Mailand setzt sich seit 1947 wieder für eine Wiederbelebung der Commedia dell'Arte ein.

14 S. 144
Die Commedia dell'Arte
Die Commedia dell'Arte entstand Mitte des 16. Jahrhunderts in Italien und war in ihrer Art originär (besser: einzigartig). Sie präsentierte sich als Stegreifkomödie, die durch Improvisation den Text generierte.
Nur der Handlungsverlauf und die Szenenfolge waren in concreto (besser: konkret) festgelegt. Es war Usus (besser: üblich), dass die Darsteller Berufsschauspieler waren, die ihr Angebot so präsentieren mussten, dass sie damit ihren Lebensunterhalt sichern konnten. (Besser: Die Darsteller waren Berufsschauspieler, die mit ihrem Erfolg ihren Lebensunterhalt sichern mussten.) Eine Schauspieltruppe setzte sich aus zehn bis zwölf Schauspielern zusammen. Eine für die Commedia dell'Arte charakteristische Besonderheit war, dass die Frauenrollen auch von Frauen gespielt wurden. (Kein Absatz!) Bei den dargestellten Personen wurde nicht so sehr der individuelle Charakter fokussiert (besser: dargestellt) als vielmehr der Typus. So gab es die sogenannten Zanni, die Diener, deren Koexistenz von (besser: Mischung aus) Sympathie und Vitalität den Typus kennzeichnete.
Die von ihnen produzierte Gemengelage (besser: Verwirrung) konnte am Ende jedoch immer wieder auf eine Lösung hin reduziert werden. Die von Goldoni in der Mitte des 18. Jahrhunderts initiierte Theaterreform bedeutete das Ende der Commedia dell'Arte. Das Piccolo Teatro in Mailand reüssiert (besser: ist bestrebt) seit 1947 darin, die Commedia dell'Arte wiederzubeleben.

Register